Social commerce

Social commerce

Quand le e-commerce rencontre le Web d'aujourd'hui

Julien Chaumond

© 2010, Digital Mammouth Editions, Paris, France

Illustration de couverture : Caroline Saint-Lu

ISBN 978-2-9538012-0-0 – 2ème édition

A Jeff Bezos et Mark Zuckerberg ;)

Table des matières

7

Introduction

Le monde du e-commerce et le monde du Web social étaient jusqu'à présent des mondes qui se côtoyaient sans vraiment se rencontrer. Les entreprises du Web social s'occupaient de Web social, les entreprises e-commerce de e-commerce. De même pour les entrepreneurs eux-mêmes : les entrepreneurs du e-commerce venaient plutôt du monde du commerce, ceux du Web social, du monde du Web.

Pourtant, le e-commerce est historiquement et intrinsèquement un secteur innovant, avec des innovations dans les domaines :
– logistiques (supply chain, stockage, livraison, etc.) ;
– commerciaux et marketing (modèles économiques, image distinctive voire disruptive, publicité, « communautés », etc.) ;
– et techniques (développement et gestion des boutiques, moyens de paiement, etc.).

Dans ces deux dernières catégories – commercial-marketing et technique – le rythme d'innovation s'est ces dernières années sensiblement accéléré, de même que le rythme d'adoption de ces innovations à la fois par les e-commerçants et les consommateurs et utilisateurs.

La thèse centrale de ce livre est que le e-commerce est aujourd'hui de plus en plus lié aux innovations technologiques et d'usage du Web grand public, c'est-à-dire du « Web d'aujourd'hui », celui des réseaux sociaux, de Facebook et Twitter.

L'intersection du Web social et du e-commerce, ou *social commerce*, voit naître des opportunités gigantesques, alors que la part du e-commerce dans le commerce total ne cesse de croître, et que cette croissance ne semble pas près de s'arrêter.

En particulier, pour les entrepreneurs du Web social, le e-commerce permet de trouver des modèles économiques solides pour monétiser leurs activités.

Ce livre vise à présenter les grands axes de l'évolution irréversible du e-commerce au contact du Web social, les opportunités énormes qui naissent de cette rencontre, et les nombreux services et technologies qui restent à inventer et à développer. Hormis les chapitres 4 et 5, plus techniques, ce livre se veut pédagogique et s'adresse donc assez largement aux personnes intéressées par le Web, le e-commerce et l'innovation, ainsi bien sûr qu'aux entrepreneurs potentiels sur un secteur qui promet d'être explosif :

« If I had to guess, social commerce is the next area to really blow up »
— Mark Zuckerberg [1], Août 2010

---

1. Facebook CEO.

Chapitre 1

E-commerce et innovation technologique

Ce premier chapitre d'introduction présente les grandes tendances des évolutions technologiques actuelles du e-commerce, et va nous permettre de poser le *contexte* et les premières idées sur la convergence du Web social et du e-commerce.

1.1 Boutiques en ligne et innovation

Les *boutiques en ligne* sont les applications Web front office vues par le consommateur sur Internet, mais aussi parfois, par extension, les systèmes de gestion et d'inventaire du marchand.

Les logiciels e-commerce sont de plus en plus souvent distribués en SaaS [1]. Les PME Oxatis, Powerboutique, ou 42Stores sont les leaders français sur le marché des petits e-commerçants. Aux Etats-Unis, des services comme Shopify rencontrent également un grand succès.

---

1. Software as a Service.

Il existe également de nombreuses boutiques open source (Ubercart), ou sur des modèles hybrides (Magento, ou Prestashop plus localement en France).

Les solutions propriétaires (comme Microsoft Commerce Server), plus chères et évoluant beaucoup plus lentement, sont devenues minoritaires. Les solutions non-SaaS, ainsi que les solutions « sur mesure » sont développées, intégrées, ou distribuées par de nombreuses SSII ou SS2L, ou des « agences Web » polyvalentes, comme par exemple Altima.

SaaS vs. open source ?

Le choix pour un e-commerçant du SaaS ou de l'open source est essentiellement une question de compétences techniques et de volonté de customisation de sa boutique. Le SaaS est définitivement la réponse pour les commerçants souhaitant commencer à se consacrer à leur activité sans se poser de question. L'open source est intéressant si le projet présente des spécificités, si le commerçant sait comment héberger sa propre boutique, ou dispose d'un budget à confier à un prestataire. C'est aussi, bien sûr, une question de modèle économique (coût initial élevé vs. coûts récurrents).

1.2   Mobile commerce et touchscreen commerce

La diffusion des boutiques mobiles (« mobile commerce ») et nomades (iPad) est en très forte croissance, en raison du décollage des ventes sur ce « nouveau canal » de distribution (entre guillemets, car le canal mobile est malgré tout assez proche du Web classique) et de l'anticipation d'une forte croissance à venir.

Le cas d'école dans ce domaine est eBay, qui annonçait début 2010 de 1,5 à 2 milliards de dollars de ventes annuelles sur mobile, soit

environ 3 % de son chiffre d'affaires, en forte croissance depuis 2009.
Plus récemment, fin novembre 2010 (Cyber Monday), eBay a annoncé
que les ventes sur mobile avaient augmenté de +146 % depuis 2009.
De manière surprenante, le canal mobile n'est pas utilisé uniquement
pour des petits achats : la catégorie en tête des revenus mobiles pour
eBay est celle des « Cars and trucks »...

Au-delà du mobile lui-même, les interfaces e-commerce sur iPad [2] se
multiplient, y compris en France, malgré le parc d'utilisateurs français
relativement réduit (environ 400 000 [3]), en raison :
- de l'apport en termes d'image de marque et de visibilité de ces boutiques auprès du public des « early adopters » ;
- mais aussi, voire surtout, de l'anticipation de la *généralisation des
interfaces tactiles* aux autres tablettes, aux ordinateurs portables,
mais aussi aux *ordinateurs fixes* eux-mêmes [4] : c'est le « touchscreen commerce ».

On constate que les interfaces e-commerce réussies sur iPad (Amazon
Windowshop pour iPad, ShopStyle, ou encore BazarChic en France)
mettent particulièrement bien en valeur les produits, et lorsque l'ergonomie du système de *paiement* est à la hauteur, l'*impulsivité* des
achats sur iPad peut être très élevée [5].

Le mobile commerce peut également constituer un pont entre e-commerce
et « commerce traditionnel », deux mondes dont la frontière est de plus
en plus floue, avec l'essor du cross-canal de distribution [6] (développement des formules « vente en ligne et retrait en magasin physique »,
etc.). Ainsi, les comparateurs de prix mobiles comme RedLaser [7] ou

---

2. Sites Web adaptés à l'iPad ou applications natives
3. Estimation du Syndicat de la presse quotidienne régionale, septembre 2010.
4. L'impact à venir de la navigation tactile « type iPad » (l'interaction physique,
presque *intime* avec une page Web ou une application) sur la navigation Web « fixe » est
probablement quelque chose qui est encore très sous-estimé aujourd'hui, alors que les
premiers écrans tactiles fixes (*desktop*) haut de gamme vont commencer à se généraliser
en 2011 (Touchscreen iMac).
    Voir aussi « How the iPad Is Influencing Web Apps », Mashable, décembre 2010.
5. Cf. AppStore.
6. Livre « e-commerce et distribution », ACSEL, octobre 2009.
7. Acheté par eBay en juin 2010.

FIGURE 1.1 – Amazon Windowshop pour iPad

Google Shopper permettent de scanner le code-barre d'un produit ou la couverture d'un livre ou d'un CD dans un magasin physique pour comparer les différentes offres de ce produit en ligne.

1.3   Interfaces innovantes

Plus généralement que le mobile ou l'iPad, les interfaces e-commerce innovantes ou « riches » sont nombreuses, mais elles ne rencontrent pas toujours l'engouement de l'utilisateur.

Ainsi par exemple, les mondes virtuels 3D appliqués au e-commerce (sortes de centres commerciaux à la « Second Life » où l'on peut acheter des produits ou discuter avec des vendeurs) semblent être pour l'instant de fausses bonnes idées, avec des niveaux d'ergonomie d'usage et donc des adoptions très faibles.

En revanche, des innovations intéressantes apparaissent dans le domaine de la prévisualisation de produits utilisant des techniques de *réalité augmentée*. Ces techniques permettent par exemple de simuler la présence d'un meuble dans une pièce filmée par la webcam du consommateur, ou bien d'estimer ses mesures et de voir une simulation du rendu d'un vêtement [8] ou d'une paire de lunettes [9]. Ces innova-

---

8. Fits.me
9. FittingBox, la solution utilisée par Krys, Ray-Ban, etc.

tions encouragent le développement du e-commerce sur des secteurs, comme l'habillement ou le mobilier, où il était jusqu'à maintenant relativement faible [10].

1.4 E-merchandising

Plus généralement, on constate une démocratisation des moyens de production de contenus de qualité professionnelle, ainsi qu'une prise de conscience de *l'importance de l'impact de l'ergonomie et de l'expérience utilisateur* directement sur le taux de transformation et le volume des ventes des sites marchands.

On peut regrouper sous le terme d'*e-merchandising* tout ce qui participe à la qualité de la présentation d'un produit ou d'un service sur le Web : ergonomie, design des interfaces, qualité des photos produits, etc.

Il est intéressant par exemple de citer ici les chiffres annoncés par le service de photos zoomables haute définition Zoomorama [11] à l'issue d'une expérimentation sur plusieurs catégories de produits sur Darty.fr : +30 % sur le taux de transformation sur les 10 premiers produits du catalogue (machines à laver, télés...), ainsi qu'une diminution du taux de retour par le consommateur (qui constitue un facteur de coût important pour de nombreux e-commerçants depuis la loi Chatel de 2008 qui a généralisé le droit de rétractation sans frais).

De nombreux marchands mettent en valeur leurs offres en utilisant la vidéo, voire la représentation en 3D (vraie modélisation 3D ou vue à 360°) des produits. Enfin, certains services font du « product linking », c'est-à-dire qu'ils relient par exemple les vêtements portés par une star dans une vidéo [12] ou sur une photo [13] aux boutiques qui les vendent.

---

10. 2011 sera l'année du vêtement sur Internet pour la FEVAD.
11. Même si celui-ci a fermé depuis :(
12. Les français de Plinkers sont bien positionnés. Leur démo sur une vidéo publicitaire d'Ikea est particulièrement réussie.
13. Paradoxalement, le product linking sur photo est moins diffusé que celui sur vidéo ; Thinglink est une startup (finlandaise) qui vient de se lancer sur ce segment.

1.5   SEO ♥ e-commerce

Le *SEO* ou *Search Engine Optimization* est l'optimisation du référencement par les moteurs de recherche des pages d'un site Web, pour que celles-ci apparaissent plus souvent et soient mieux classées (« apparaissent plus haut ») dans les pages de résultats des moteurs. Schématiquement, le SEO vise, en modifiant le contenu [14] d'une page, à mieux « faire comprendre » à Google le sujet sur lequel elle porte et en quoi elle est unique et particulièrement intéressante.

Ainsi, par exemple, le SEO encourage la création d'URL *signifiantes*, par exemple :

```
http://blog.example.org/comment-optimiser-le-referencement-d-un-
site-e-commerce
```
ou :
```
http://example.org/acheter/televiseur/Samsung_LE40B650
```

plutôt que d'URL qui soient de simples références internes et qui n'aient de sens ni pour l'utilisateur humain ni pour Google, comme :
```
http://blog.example.org/index.php/?p=215
```
ou :
```
http://example.org/XYZ/index.jsp?sku=445FHH-564562
```

Le SEO a un potentiel très important pour le e-commerce car :
- les services e-commerce [15] disposent d'une grande quantité de données « publiques » [16] (noms des produits, marques, prix, descriptifs, etc.), ce qui est très valorisable en référencement ;
- l'utilisateur ou consommateur commence très souvent son shopping en recherchant un nom de produit sur Google, alors qu'il se rend moins souvent directement sur le site d'un marchand (c'est-à-dire que la part de trafic venant de Google est particulièrement importante pour la plupart des services e-commerce) ;

---

14. Les éléments à optimiser sur une page peuvent être ses métadonnées de description, la « propreté » de son code HTML, son URL, etc.

15. Dans ce livre, nous regrouperons sous le terme de « services e-commerce », les marchands eux-mêmes, mais aussi les autres services liés, comme les comparateurs de prix, les sites d'avis utilisateurs, etc.

16. contrairement au contenu d'un réseau social « plutôt privé » comme Facebook, par exemple.

– le SEO est un élément compétitif important sur le e-commerce car de nombreux marchands et services e-commerce sont encore assez loin de l'état de l'art dans ce domaine (cf. par exemple les fiches produits de nombreux marchands, très loin d'être optimisées).

Par extension, on appelle parfois le fait d'optimiser un site, non pas pour les moteurs de recherche, mais pour le partage par les utilisateurs sur les réseaux sociaux, *SMO* ou Social media optimization.

1.6 Moyens de paiement

Les moyens de paiement sont un autre des facteurs essentiels de contexte technologique du e-commerce, mais ils mériteraient probablement un livre à eux tous seuls.

Dans ce domaine, l'enjeu principal aujourd'hui est de faire en sorte que le paiement soit aussi simple et ergonomique [17] que possible. Les innovations actuelles les plus notables se situent du côté des micro-paiements, pour lesquels la carte bancaire est peu adaptée (aussi bien pour le consommateur que pour le commerçant...), ce qui contribue à l'essor de moyens de paiements privatifs et/ou « pré-acceptés » type Apple App Store et iTunes. Certains gros e-commerçants comme Amazon font le choix de conserver le numéro de carte de paiement de leurs clients d'une transaction à l'autre, ce qui leur donne probablement un avantage compétitif énorme.

1.7 Intégration avec les réseaux sociaux

Mais l'innovation technologique qui est peut-être la plus incontournable dans le e-commerce aujourd'hui, et qui est au cœur de ce livre, est l'*intégration de la boutique avec les réseaux sociaux*, notamment Facebook et Twitter.

---

17. « Frictionless »

Facebook Connect, par exemple, permet de commenter ou de participer sur un site tiers, par exemple celui d'un marchand, en utilisant son identité Facebook et donc sans avoir à créer un nouveau compte chez chaque nouveau marchand. L'intérêt pour le client est donc la simplification de son expérience utilisateur et la rapidité avec laquelle il peut commencer à interagir, contribuer ou participer. L'intérêt pour le marchand (ou plus généralement, le service e-commerce), outre la simplification de son processus d'enregistrement, est de pouvoir diffuser des messages à l'utilisateur mais aussi à ses amis, directement là où ceux-ci passent le plus de temps, c'est-à-dire sur les réseaux sociaux.

FIGURE 1.2 – Facebook Connect et Sign in with Twitter

Nous allons voir que l'intégration avec les réseaux sociaux est la base technologique du *social commerce*.

Chapitre 2

Qu'est-ce que le Social commerce ?

« This is a conversation, not a one-night stand »
— Sarah Hofstetter

Ce chapitre est le cœur de ce livre : l'intégration du e-commerce et des réseaux sociaux, ainsi que la généralisation de modèles économiques innovants, permettent de développer de multiples nouveaux services puis de les faire croître très rapidement. Ce chapitre va tenter de bâtir une typologie de ces services.

Les services de social commerce sont très divers et les modèles, notamment économiques, sont multiples, mais les principales variantes actuelles en sont les suivantes :

- l'achat collectif ou *group buying*, et éventuellement son « alter-ego » la vente privée ;
- les communautés de consommateurs ou services de *social shopping* ;
- le partage d'achats ou *purchase sharing*.

2.1   Le Group buying

Les services d'*achat collectif* ou *achat groupé*, négocient des tarifs très attractifs auprès de commerçants (le plus souvent pour des services, et non des biens physiques) en contre-partie d'une *mise en avant massive, quasi virale*, de leur offre sur les *réseaux sociaux*. Des mécanismes de type « manquent encore x acheteurs » contribuent à créer un lien social entre les utilisateurs, à les encourager à recruter de nouveaux acheteurs, et donc à augmenter la *viralité* du service. La formule la plus populaire est celle de Groupon : un ou deux « deals » sont proposés par jour et par ville, avec des taux de réduction annoncés extrêmement attractifs. Groupon a connu une croissance explosive en 2010 et a notamment procédé à des acquisitions très rapidement, notamment sur le marché européen en rachetant Citydeal en mai 2010.

FIGURE 2.1 – Groupon

Les bons plans proposés chaque jour par Groupon à Paris sont par exemple :
- « Sushis, makis, yakitoris, à emporter ou à faire livrer, chez Sushi bâ pour 10 euros au lieu de 25 euros soit -60% ! ! ! »
- « Repas oriental pour 2 à 24€ et 60% sur un blanchiment des dents »
- « 68% sur 4 sessions de lipocavitation et cuisine française pour 2 à 19€ »
- etc.

La croissance de Groupon est impressionnante : en Août 2010, Forbes a nommé l'entreprise la « fastest growing company ever » : son chiffre d'affaires prévu en 2010 se situe entre 1 et 2 Mds $, pour un service qui n'a été lancé qu'en novembre 2008...

Fin 2010, Google aurait tenté d'acquérir Groupon pour 6 milliards de dollars, ce qui est bien sûr énorme, notamment pour une entreprise qui n'a levé à ce jour « que » 135 M\$. Ce type d'hypercroissance (de 0 à 40 millions de clients en 24 mois) jamais vu auparavant est rendu possible par l'«hyperconnectivité du graphe social» – un demi-milliard de personnes connectées à leurs amis en permanence – et ces phénomènes de croissance très forte de nouveaux services pourraient très bien se généraliser [1].

Parallèlement à la croissance très forte de Groupon, de très nombreux compétiteurs apparaissent (LivingSocial, Keynoir, Groupola, Likebees... [2]), y compris en France (Bon-privé, KGBdeals, Dealissime, etc.). Au point qu'on a regroupé ces services, qui ont bourgeonné en 2010, sous le terme de « Groupon clones ». Ces compétiteurs rencontrent un succès plus ou moins grand.

Plusieurs e-commerçants traditionnels ont une stratégie d'acquisition ou d'investissement sur ces nouveaux services : ainsi, Amazon a récemment investi dans LivingSocial [3] et BuyVIP. Enfin, Facebook est en cours de lancement des Facebook Deals, une approche similaire.

On remarque que tous ces services sont principalement axés sur des commerces et des services (*local businesses*). En effet, pour les biens physiques, le modèle analogue dominant est plutôt celui de la *vente privée* [4], fonctionnant principalement sur le modèle du déstockage, et devenu très populaire à partir de 2008 avec Vente-privée en France, et Gilt, RueLaLa, theOutnet [5] ou Woot aux Etats-Unis [6]. Un autre modèle étant celui des forums de commandes groupées initiées directement par des particuliers bénévoles et qui négocient ensuite des prix de gros, par exemple commandes-groupees.fr en France.

Tous ces modèles ne sont pas innovants en tant que tels : des services lancés autour des années 2000 comme Clust, et même avant ça des

---

1. « Groupon's Andrew Mason To Charlie Rose : "We Are The 'N Sync Of Websites" », Techcrunch, 10 décembre 2010.
2. et même Twitter qui a lancé une expérimentation de vente de bons plans sur le compte @earlybird.
3. Revenu 2010 estimé à 300 M\$, ce qui en fait le numéro 2 du segment après Groupon.
4. Les services de group buying et les services de ventes privées sont parfois regroupés sous le terme de « *live shopping* », car leurs offres sont typiquement proposées

FIGURE 2.2 – Twitter @earlybird

catalogues de vente par correspondance fonctionnaient déjà sur ces modèles avec plus ou moins de succès. Le caractère *social* des services actuels – et donc la justification de leur catégorisation dans le social commerce – tient au fait que ceux-ci reposent de manière essentielle sur le partage viral de leurs offres sur les réseaux sociaux par leurs consommateurs, notamment parce que :

– ces services tendent à faire passer le message que la masse de clients réunis permettra d'aller voir tel ou tel commerce et de négocier des tarifs attractifs, et donc que chaque client a intérêt à ce qu'un maximum d'autres clients participent (alors qu'en fait dans la plupart des cas, c'est le commerce qui fait la démarche de proposer une réduction qui est fixée a priori) ;

– parce que ces services utilisent souvent des systèmes de *parrainage* : Groupon par exemple verse 6€ à un membre lorsqu'un autre membre qu'il a invité achète son premier Groupon. Le parrainage sur le Web n'est pas un modèle innovant en tant que tel, mais il est assez rare dans le e-commerce ;

– les offres elles-mêmes concernent souvent des *activités sociales* (saut en parachute, restaurant, etc.) que l'on fait à plusieurs – souvent des

---

pendant quelques heures à quelques jours seulement.

5. Jeu de mot sur « outlets », magasins d'usine ou espaces de déstockage.

6. Même Bernard Tapie s'y est mis avec bernardtapie.com ;)

activités « que l'on n'aurait pas eu l'idée de faire » – et que l'utilisateur va donc proposer à ses amis ;
– et parce que les *réductions annoncées* sont très importantes.

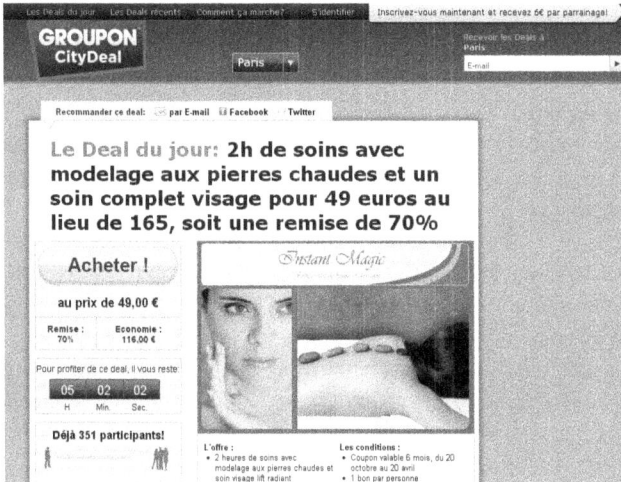

FIGURE 2.3 – Screenshot de Groupon Paris

Ainsi dans le cas de Groupon par exemple, les commerçants sont incités à proposer des *réductions de 50% minimum* pour maximiser la réponse des consommateurs potentiels et l'impulsivité de l'achat du coupon. Par conséquent, la rentabilité pour le commerçant d'un programme du type Groupon *en tant que tel* est très faible, voire souvent négative (voir encadré), d'autant que la marge gardée par Groupon lui-même est conséquente [7]. Un programme Groupon n'est donc pas perçu par les commerçants comme un outil de vente, mais plutôt comme une *dépense de publicité*, destinée à acquérir de nouveaux clients dans l'espoir que ceux-ci deviennent ensuite des clients fidèles.

Le modèle Groupon correspond en fait au début de la *publicité à*

---

7. Groupon garde aussi les revenus associés aux coupons non utilisés (« non redeemed coupons »), qui représenteraient 15% des ventes, comme pour les coffrets cadeaux de type « box ».

la performance[8] *pour les local businesses* ; on comprend donc bien pourquoi Google est intéressé par ces modèles.

Le retour d'expérience des marchands sur Groupon

Pour un marchand, un coupon Groupon peut se transformer en un afflux énorme et même excessif de clients, d'autant que Groupon incite les commerçant à ne pas fixer de limite supérieure sur le nombre de coupons vendus. Dans le cas où le marchand a sacrifié ses marges pour proposer un Groupon très attractif (c'est-à-dire dans la plupart des cas), cet afflux incontrôlé peut même être dangereux. Le retour d'expérience très critique de la gérante du Posies Café (un café de Portland) a été très médiatisé car elle a mis en lumière les dangers de ce type d'opération sur la rentabilité d'un commerce mais aussi sur le bien-être de ses employés (de nombreux clients des offres de type Groupon consomment uniquement leur coupon, donnent peu de pourboires, etc.).

Une équipe de recherche de la Jesse H. Jones Graduate School of Business de Rice University a donc sondé 150 marchands ayant lancé des opérations Groupon. Les résultats de l'étude étaient mitigés :
– 66% des marchands ont fait un profit sur l'opération ;
– mais 40% des marchands n'envisagent pas de renouveler l'expérience.

D'après les résultats de l'étude, les types de commerces qui sont le moins satisfaits de Groupon sont les restaurants, tandis que les services de bien-être (spas, salons de coiffure...) sont les plus positifs.

Cela dit, Andrew Mason, le CEO de Groupon, a contesté les résultats de cette étude et a avancé le chiffre de 97% de commerçants satisfaits et prêts à renouveler l'expérience.

Les services de group buying étant principalement axés sur les commerces physiques, il y a une synergie forte avec les services de réseau

---

8. Nous détaillerons le modèle de l'affiliation (publicité à la performance *en ligne*) dans la prochaine section.

social géolocalisé (comme Foursquare) qui encouragent à rendre public le fait que l'on se trouve dans tel ou tel restaurant ou café pour pouvoir en devenir le « Maire » et parfois profiter de réductions et d'avantages de fidélité. De nombreux services apparaissent donc à l'intersection de ces deux types de services.

D'autre part, on pourrait aller plus loin dans la mesure de la performance publicitaire *long-terme* (c'est-à-dire le taux de conversion en clients réguliers) des coupons Groupon[9].

Enfin, de nombreux *aggrégateurs* de bons plans de type Groupon apparaissent également, comme Yipit ou DailyD aux Etats-Unis ou Ohmydeal en France. Yipit par exemple utilise le fait que Groupon et d'autres sites diffusent leurs offres à l'aide d'APIs (et diffuse lui-même à son tour ses offres agrégées à l'aide d'une API...).

2.2 Le Social shopping, et le modèle de l'affiliation

Les communautés de consommateurs ou services de *social shopping*, agrègent les offres sur une ou plusieurs verticales (téléviseurs, Hifi, vêtements, etc.), y ajoutent ou non du contenu éditorial, et permettent aux consommateurs de partager leurs avis et de discuter de tel ou tel produit avant de prendre une décision d'achat.

Ces services sont en fait les « héritiers » :
- des sites de reviews et de recommandations (généralistes comme Ciao, ou plus ciblés) ;
- des très nombreux comparateurs de prix[10] (comme Kelkoo, LeGuide, Twenga, Shopping.com, etc.) ;

---

9. Aujourd'hui, c'est le CRM du commerçant qui devrait permettre de « suivre » l'évolution des clients Groupon, mais cela impose de donner une « carte de fidélité » au client Groupon lors de son premier passage dans la boutique... Il y a donc probablement de nombreuses opportunités dans ce domaine pour de nouveaux services facilitant cette transition et cette mesure de performance.

10. En anglais : Price comparison services, ou Comparison shopping engines.

– voire des services de cashback (services incitant le consommateur à acheter chez quelques marchands partenaires en échange d'une modeste rétribution financière sur le prix de leurs achats, comme en France iGraal ou Cashstore).

Les services de *social shopping* qui apparaissent aujourd'hui cumulent en fait des aspects de chacun de ces trois grands types de services – une grande quantité de contenu UGC [11] sur les produits (comme sur les sites de reviews classiques), des liens vers les produits chez certains marchands (comme sur les comparateurs de prix), et parfois un côté ludique lié aux achats (comme sur les services de cashback) – et y ajoutent parfois du contenu éditorialisé permettant notamment d'améliorer le référencement du service par les moteurs de recherche.

Mais surtout, ils se distinguent de ces services par le fait qu'ils sont intrinsèquement *sociaux*, dans le sens où ils mettent en avant les *utilisateurs* eux-mêmes : en créant des pages profils, et en créant des moyens d'interaction entre les utilisateurs : relations d'« amis » ou de « followers », etc.

Il existe notamment de nombreux exemples de services de social shopping ou de communautés de shopping dans le secteur de l'habillement et des accessoires [12], avec des sites comme *Kaboodle, Stylefeeder, Polyvore*, StyleHive, ou encore ShopSocially [13].

Polyvore, par exemple, permet à ses utilisateurs de faire des *collages* de différents produits (liés à la mode) en y ajoutant des photos de célébrités ou de films comme Twilight (cf. Fig. 2.5), puis de les partager avec leurs amis et sur les réseaux sociaux. On retrouve ensuite chaque produit dans la colonne de droite, avec un lien vers les sites marchands

---

11. User generated content
12. On pourrait également mentionner ici les cabines d'essayage connectées (par exemple l'expérience Diesel Cam), permettant de publier sur Facebook une photo du jean que l'on est en train d'essayer pour recueillir l'avis de ses amis. Dans ce cas, le social commerce dépasse même le périmètre du e-commerce lui-même (utilisation du Web social dans la distribution physique).
13. Cf. « Social Shop Till You Drop : A Quick Primer », Elizabeth Yin, GigaOm, Juillet 2010.

polyvore™

FIGURE 2.4 – Polyvore

qui le proposent. Le pouvoir de la recommandation associé à la qualité de la « mise en scène » des vêtements et accessoires est un déclencheur puissant d'achats.

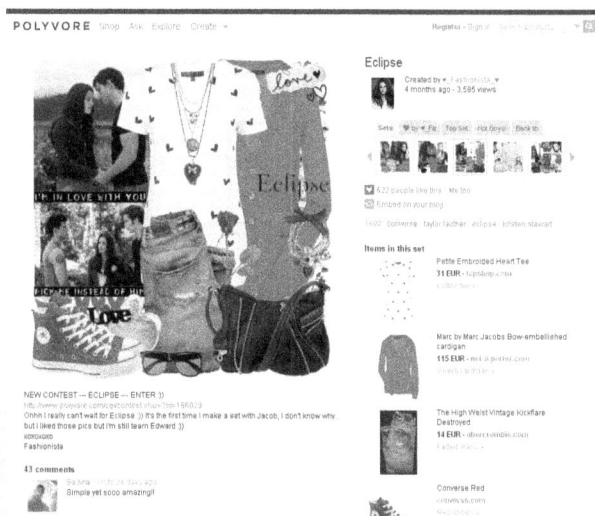

FIGURE 2.5 – Screenshot Polyvore

Sur ce même segment de la mode, Google a récemment lancé Boutiques.com (plus précisément, c'est une acquisition récente de Google, Like.com, qui a lancé ce nouveau service). D'après Like.com, les bases technologiques de Boutiques sont particulièrement innovantes (dans le domaine de la reconnaissance d'images et des algorithmes de recommandation notamment), mais pour l'instant le service est assez proche de Polyvore.

En France, les services analogues sont souvent (pour l'instant) moins user-friendly ou plus loin de l'état de l'art du Web ; il existe donc probablement de nombreuses opportunités sur ce segment.

Sur ce type de services comme sur le précédent, l'intégration des réseaux sociaux comme Facebook ou Twitter est un « enabler » majeur, notamment parce que :
– leurs APIs permettent de « transporter » sur ces services les relations sociales de leurs utilisateurs, et donc de faire interagir les utilisateurs avec leurs « vrais amis » issus de leur graphe social, par opposition à des inconnus rencontrés directement sur un service e-commerce particulier ;
– la qualité des contributions des utilisateurs est sensiblement plus élevée lorsque ceux-ci utilisent une identité numérique *forte* (qu'elle soit réelle ou pseudonymale), c'est-à-dire une identité qu'ils assument au-delà du service en question et qu'ils ont construite depuis longtemps.

Le modèle économique de l'affiliation   En termes de *modèles économiques*, tous ces services fonctionnent le plus souvent à l'*affiliation* [14], c'est-à-dire qu'ils sont rémunérés par les marchands à la performance, en touchant un pourcentage du montant des achats qu'ils ont générés [15] : on parle de modèle CPA (Cost per acquisition ou Cost per action), par opposition au CPM (Cost per mille, utilisé pour la publicité

---

14. *Affiliate marketing* en anglais.
15. Techniquement, l'affiliation fonctionne le plus souvent de la manière suivante : l'utilisateur clique sur un lien vers le site du marchand qui est spécifique au site *affilié*, et ce lien ajoute dans le navigateur Web de l'utilisateur un *cookie d'affiliation* qui est en général valide pendant un mois, c'est-à-dire que le prochain achat du client chez le marchand, s'il a lieu au cours du mois suivant, entraînera une rémunération du site affilié (un certain pourcentage du montant de la vente, par exemple).

de type « display » ou affichage) et au CPC (Cost per click, qui ne garantit pas que le click va se concrétiser en un achat) [16]. Ce modèle est répandu dans le e-commerce car l'*achat a lieu sur le même média que la publicité qui l'a engendrée*, ce qui permet de réellement mesurer la performance d'une publicité. Le modèle de l'affiliation est particulièrement populaire auprès des e-commerçants français et européens (cf. encadré).

Les relations entre les services de social shopping affiliés et les marchands partenaires sont soit directes (dans le cas de « gros » services), soit plus souvent confiées à un intermédiaire appelé *plateforme d'affiliation*. Parmi les grandes plateformes d'affiliation, on trouve par exemple :

– Effiliation, Reactivpub en France ;
– Tradedoubler, Zanox en Europe ;
– Commission Junction, Google Affiliate Network aux Etats-Unis.

Les marchands les plus gros gèrent parfois eux-mêmes leur programme d'affiliation (Amazon en particulier).

Le modèle CPA est aussi le modèle d'approches publicitaires innovantes comme celle de Criteo, entreprise française faisant du reciblage publicitaire, c'est-à-dire qu'elle ré-affiche au consommateur des publicités pour un produit qu'il a déjà consulté chez un marchand mais n'a pas acheté (« abandon de panier »), afin de le convaincre de retourner terminer son achat.

Le poids économique de l'affiliation est en croissance continue dans le e-commerce et dans la publicité depuis quelques années. Ainsi en France, les derniers chiffres de l'« Observatoire de l'e-pub » (Syndicat des régies Internet et Capgemini, en partenariat avec l'Udecam) placent l'affiliation et les comparateurs de prix en deuxième place des « leviers » publicitaires en termes de croissance après la publicité sur mobile, avec 150 M€ sur un total de 1,14 milliard d'euros net au premier semestre 2010.

---

16. Par exemple, les bannières (grandes images publicitaires) sont le plus souvent rémunérées au CPM, et les liens dans les moteurs de recherche au CPC.

En prenant l'hypothèse d'un taux de commission moyen de 5 % sur l'affiliation, les « comparateurs de prix » (au sens large) français seraient donc à l'origine de 150 fois 20 soit 3 Mds € de ventes, c'est-à-dire au moins 10 % des ventes totales sur le marché français [17].

Du point de vue des services basés sur l'affiliation, comme les comparateurs de prix, ce modèle publicitaire est également rémunérateur puisque l'ordre de grandeur de revenus – cela dépend bien sûr beaucoup des catégories de produits ciblées et du service lui-même – est de l'ordre de 1 € de chiffre d'affaires annuel par visiteur unique par mois, ce qui est bien plus élevé par exemple que pour les réseaux sociaux ou éditeurs de contenu plus généralistes, en raison de la proximité à l'acte d'achat, et de la capacité à mesurer finement la performance publicitaire dans le cas d'achats en ligne.

---

17. Chiffre FEVAD de nov. 2010 sur le marché français : « Le e-commerce devrait ainsi dépasser 31 milliards d'euros de chiffre d'affaires pour l'année 2010. »

Pourquoi les e-commerçants français aiment-ils autant l'affiliation ?

Par rapport aux américains, les e-commerçants français (mais aussi européens) semblent particulièrement attachés au modèle de l'affiliation : le taux de commerçants faisant recours à ce type de publicité est très important, et les politiques de rémunérations des supports de la publicité (les sites affiliés ou « éditeurs », comme les comparateurs de prix ou les sites de contenu) sont très attractives, avec des rémunérations à plus de 10% du prix d'achat du produit sur certains segments [a] [b].

On peut émettre les hypothèses suivantes pour expliquer ce phénomène :

– la concurrence est plus forte dans le e-commerce européen, notamment parce :

– la part des pure players y est plus élevée, les acteurs de la distribution traditionnelle ayant mis plus de temps à « s'y mettre » ;

– il existe encore des marges de croissance en termes de nombre de consommateurs (par exemple en Italie et en Espagne) et les marchands sont encore dans une logique de croissance plus que de rentabilité.

– par conséquent, les marchands européens, en moyenne plus petits que les américains, dépendent plus d'un « réseau d'affiliés » que d'une image de marque et d'une visibilité forte ;

– et d'autre part, pour les plus petits e-commerçants, l'affiliation est une manière de minimiser le niveau de risque inhérent à toute publicité puisqu'il ne paiera que la publicité ayant effectivement conduit à une vente (CPA).

---

a. Le taux de rémunération de l'affiliation croît avec le niveau de concurrence sur un segment (par exemple, il est fort sur les télés en France, faible sur les livres aux US avec Amazon) et avec la stratégie de croissance des e-commerçants (croissance de part de marché vs. rentabilité).

b. Pour les acteurs du e-commerce de type Marketplace (qui ne vendent pas euxmême), comme PriceMinister, la commission affilié peut même atteindre 50% de la commission du site.

On peut également classer dans la catégorie du « social shopping » des services qui tentent de reproduire au maximum l'expérience de shopping avec des amis en temps-réel, par exemple en permettant de naviguer dans un catalogue de manière synchronisée avec ses amis (« cobrowsing », par exemple Shopwithyourfriends ou ShopTogether). Néanmoins, hormis pour quelques applications de niche, il peut sembler que cette volonté de transposer au maximum le shopping réel soit un peu excessive, voire contre-productive dans un contexte de généralisation des échanges « asynchrones et many-to-many » vs. « synchrones et one-to-one » (schématiquement, le passage de la messagerie instantanée à Twitter).

Les opportunités dans le domaine des « comparateurs de prix »
[a]

L'activité des comparateurs des prix peut ne pas sembler à première vue extrêmement « novatrice », mais en réalité la rencontre de ce segment avec le Web social en fait un domaine très intéressant, et le terme lui-même devient un peu réducteur devant celui de « social shopping ». Les comparateurs de prix actuels, y compris français, sont parfois assez loin de l'état de l'art technique et d'usage du Web grand public, et leur stratégie semble souvent basée plus sur le pur *SEO* (créer le maximum de pages portant un nom de produit afin d'attirer du trafic sur Google et le revendre aux marchands) que sur la qualité du *service* apporté à l'utilisateur [b].

De plus, leurs pratiques commerciales sont parfois assez peu transparentes (malgré des initiatives comme la Charte des comparateurs de prix de la FEVAD) – les offres mises en avant sont celles sur lesquelles le service est le mieux rémunéré, sans que cela soit précisé à l'utilisateur – ce qui fait qu'il n'existe pas vraiment de *confiance* d'un utilisateur envers un comparateur de prix : aucun comparateur n'a réellement pu s'imposer en tant que « marque ». Schématiquement, l'utilisateur attend l'arrivée d'un « Google » à la place des « Yahoo! » comme à l'époque des premiers moteurs de recherches [c].

---

a. Certains segments de marché spécifiques, quasi-inexistants aujourd'hui, semblent également présenter des opportunités particulières : le segments des courses alimentaires en ligne, notamment (des premières initiatives plutôt timides se lancent comme Supermarche.tv en France ou mySupermarket en Grande-Bretagne, marché beaucoup plus avancé que la France sur ce domaine).

b. Une exception notable au niveau assez faible d'innovation sur ce segment est le *Kelkoo* du début des années 2000, qui a quasiment *créé* le secteur, notamment en poussant les marchands à commencer à diffuser un flux de leurs produits réutilisable par les comparateurs et aggrégateurs.

c. Google a été le premier à séparer clairement les résultats sponsorisés des résultats « objectifs » de la recherche.

Fin octobre 2010, Google a lancé en France son propre comparateur de prix (Google Product Search), sous le branding « Google Shopping ».

Google
product search ◯ beta

FIGURE 2.6 – Google Product Search, un nouveau « tiers de confiance »
dans la comparaison de prix ?

D'après Google, il s'agit du premier vrai lancement international (hors
U.S.) de Google Product Search, les versions anglaises et allemandes
du service étant des évolutions du produit de la génération précédente
(Froogle).

Le modèle économique de Product Search est assez *disruptif* par rapport aux autres comparateurs de prix, car dans la plupart des cas le
marchand ne paie rien : ni pour que ses catalogues de produits soient
présents dans le service (ce qui est le business model classique des
« gros » comparateurs de prix comme Kelkoo [18]), ni à l'affiliation lorsque
l'utilisateur clique sur un produit puis l'achète chez le marchand af-
filiateur (ce qui est le business model classique des « petits » comparateurs de prix [19]). En revanche, le marchand peut bien sûr acheter
des mots-clés Adwords qui seront affichés sur telle ou telle page de
recherche (mais de manière clairement distincte des résultats « orga-
niques »).

D'après Comscore, Google Product Search est aujourd'hui le numéro
un des comparateurs de prix aux Etats-Unis ; il sera donc intéressant
de voir quel sera son impact sur le marché français [20].

Cela dit, Google Shopping n'est pas aujourd'hui pas du tout *social* :

---

18. Frais fixes mensuels + CPC voire CPM.
19. CPA.
20. Cependant, comme sur d'autres segments (vidéo en ligne, etc.), le positionnement de Google peut être vu comme un peu « limite », car la frontière entre ses activités d'aggrégateur de contenu et ses activités de fournisseur de contenu est très floue :
Google doit « classer » les différents comparateurs de prix (dont il est le principal ap-
porteur de trafic) alors qu'il en est un concurrent direct.
    C'est exactement l'objet de l'enquête anti-trust qui a été lancée fin novembre 2010
par la Commission européenne (et qui a d'ailleurs probablement été encouragée par les
plaintes de comparateurs de prix européens comme Foundem).

– il ne fait qu'aggréger les avis de consommateurs trouvés sur les sites marchands, et ne permet pas par exemple à l'utilisateur de commenter un produit directement sur Google Shopping avec son compte Google ;
– du coup, il ne propose pas de page profil permettant de voir tous les commentaires d'un même utilisateur, de devenir « amis » ou « followers », etc. C'est-à-dire que Google Shopping n'offre, pour le moment, aucune fonctionnalité de réseau social.

2.3   Le Purchase sharing

Le troisième grand type de services de social commerce qui émerge aujourd'hui peut être décrit par le terme de « *Purchase sharing* » ou de « réseaux sociaux de partage d'achats ». Ces services permettent à leurs utilisateurs de partager automatiquement des informations (nature de l'achat, date, prix, commentaires, etc.) sur leurs propres achats, qu'ils soient en ligne ou dans le monde physique, et de les diffuser sur les différents réseaux sociaux.

FIGURE 2.7 – Concept du « purchase sharing »

Ces services peuvent avoir connaissance des achats de leurs utilisateurs de plusieurs manières différentes :
– Parce que le service est proposé par le marchand lui-même ;
– Parce que l'utilisateur a déclaré lui-même au service ses achats (mode déclaratif) ;

– Parce que le service fait appel aux APIs qui commencent à être proposées par certains marchands [21], ou plus «simplement» se fait passer pour l'utilisateur et analyse automatiquement la page «Mon compte» du site du marchand ;

– Ou même en analysant automatiquement les relevés de carte bancaire ou de banque, ou les mails de confirmation d'achat de ses utilisateurs.

Des services précurseurs comme Blippy ou Swipely connaissent une croissance forte aux Etats-Unis depuis leur lancement en 2009 et 2010. Ils utilisent aujourd'hui la troisième et la quatrième solution.

blippy   Swipely

FIGURE 2.8 – Blippy et Swipely

Blippy en particulier est emblématique du «purchase sharing» ou du «purchase broadcasting» (diffuser très largement, et en temps-réel, ses propres achats).

Ce phénomène, d'une envergure réelle même si pas encore «mainstream», peut être interprété comme le signal faible d'une évolution générale des usages, vers la généralisation du partage de données sur sa propre consommation personnelle [22].

Début octobre 2010, Blippy annonçait que ses utilisateurs «partageaient» plus de 500 000 $ par jour [23] : l'ampleur prise par le service est donc bien réelle.

---

21. Cf. Section 5.2, «l'ouverture des données des marchands sur leurs clients».

22. Plus généralement, de nombreux services se créent aujourd'hui sur le Web qui sont basés sur le fait de rendre publiques ou semi-publiques des données traditionnellement considérées comme privées, l'extrême étant pour une entreprise ou un particulier de publier ses propres données financières en temps-réel (ce qui est fait notamment sur http ://ohnomymoney.com/, et ce que permettront peut-être un jour automatiquement des services comme Mint.com ?).

23. Et 2,6 millions d'achats partagés depuis le lancement du service, pour un montant de 65 M$.

Intuitivement, certains *types d'achats* se prêtent bien sûr plus que d'autres à un partage et à une discussion avec ses amis. Les applications iPhone ou iPad, typiquement, sont très propices à la discussion, car non seulement leur achat est fréquent, mais de plus l'aspect « recommandation par ses amis » est crucial dans la décision d'achat (l'achat sur l'App Store étant aussi particulièrement impulsif). Ainsi, début septembre 2010, 40% des transactions partagées sur Blippy étaient des achats faits sur iTunes et l'App Store.

Les livres, et plus largement l'ensemble des *biens culturels*, sont d'autres types d'achat pour lesquels le *pouvoir de la recommandation* est particulièrement important.

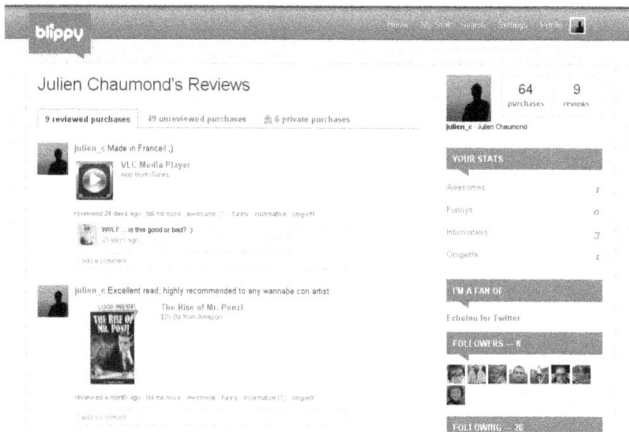

FIGURE 2.9 – Screenshot de Blippy

Swipely, lancé quelques mois après Blippy, adopte une approche légèrement différente, en ne publiant pas par défaut les montants de transactions, mais en ajoutant des éléments de social gaming à la Foursquare ou Farmville (Badges, etc.), cf. Fig. 2.10.

Le partage d'achats n'est pas uniquement une « idée de startup » : le réseau social axé sur la musique d'Apple (*Ping*), lancé en septembre 2010, est également centré sur ces fonctionnalités (« quels titres mes

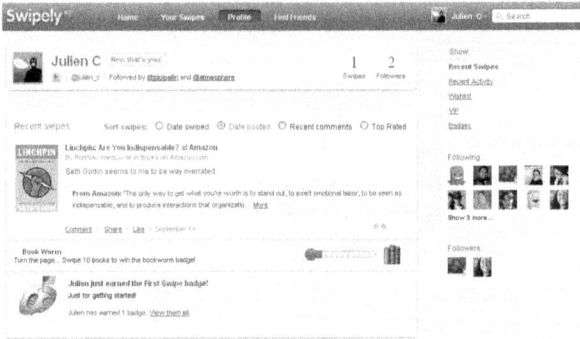

FIGURE 2.10 – Screenshot de Swipely

amis ont-ils acheté récemment ?»), et des acteurs majeurs comme Amazon ou Visa [24] ont de gros projets sur ce sujet.

Introducing Ping. A social network for music.
Follow your favorite artists and friends to discover the music they're talking about, listening to, and downloading.

FIGURE 2.11 – iTunes Ping

---

24. Rightcliq by Visa.

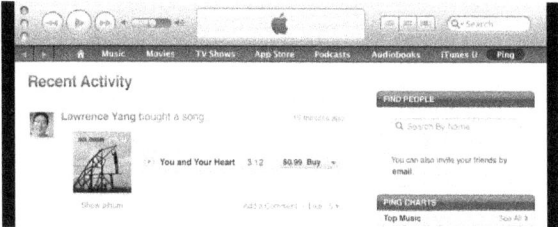

FIGURE 2.12 – Partage d'achats sur iTunes Ping

Purchase sharing et respect de la vie privée de l'utilisateur

Le respect de la vie privée de l'utilisateur est bien sûr une des premières réactions lorsque l'on parle de publication automatique d'habitudes de consommation. Il est presque caricatural que Blippy ait connu une faille de sécurité (impressionnante mais d'échelle finalement assez petite) exposant les numéros de cartes bleues de certains de ses utilisateurs...

Il est bien sûr primordial de laisser un *total contrôle* à l'utilisateur sur ce qu'il souhaite ou ne souhaite pas partager. Cela dit, les utilisateurs partagent naturellement des informations sur leurs achats, et le respect de la vie privée ne doit pas être un frein au développement de tout service basé sur des données personnelles, ou alors nous n'aurions pas Facebook ni Google. C'est l'utilisateur qui décide *in fine* si le service qui lui est apporté justifie ou non le traitement de telles ou telles de ses données.

Il est instructif de rappeler ici que Facebook s'est, dès 2008, lancé dans le « purchase sharing » avec *Beacon* (cf. Fig. 2.13), qui publiait automatiquement sur Facebook les achats réalisés par ses utilisateurs sur une quarantaine de sites marchands partenaires, et qui avait déclenché un énorme tollé car le service n'était pas opt-in et qu'il était développé sur des fondations technologiques assez bancales (« pixel espion »).

Facebook avait desactivé Beacon très rapidement, mais on peut supposer que le cœur de la stratégie de l'entreprise a toujours été, depuis, de mettre en place un usage et des technologies similaires, mais mieux acceptés des utilisateurs – notamment Like, cf. section 4.2 – qui lui permettront, le moment venu, de monétiser massivement sa base d'utilisateurs.

2.4   Concepts connexes

Au-delà de ces trois grands types de services, les acceptions plus larges du terme social commerce peuvent inclure :

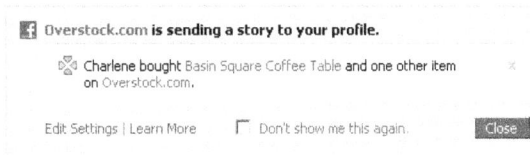

FIGURE 2.13 – Remember Facebook Beacon ? ;)

- le *e-commerce 2.0*, que nous définirons comme l'utilisation de contenu généré par l'utilisateur (commentaires notamment) sur les sites de e-commerce ;
- le *social marketing*, ou l'utilisation des réseaux sociaux par les marques ou marchands dans leur communication avec leurs consommateurs [25], pouvant aller jusqu'à la présence de boutiques directement sur les réseaux sociaux [26] ;
- le *P2P commerce* ou commerce de pair-à-pair où les utilisateurs sont à la fois vendeurs et acheteurs (eBay, Craigslist, Priceminister, Leboncoin), voire parfois producteurs (Etsy, plateforme C2C de vente de produits « homemade ») ;
- voire la *co-conception*, c'est-à-dire la conception collaborative de produits par les consommateurs avant leur fabrication, par exemple en votant pour les meubles que l'on souhaite voir produire dans la prochaine série (les services français MyFab, Miliboo, Usineàdesign, Sculpteo, et leurs évolutions à venir [27]).

L'exploitation de contenu *UGC* généré par les utilisateurs sur les sites de e-commerce n'est évidemment pas une nouveauté, et on pourrait dire qu'il s'agit du « premier niveau » du social commerce et du social shopping. Parmi les premiers sites à avoir mis en place, dès la fin des années 1990, des « reviews » d'utilisateurs, les plus emblématiques sont Epinions et Amazon, dont les reviews sont toujours extrêmement riches.

---

25. Cf. Section 2.5
26. Cf. Section 2.6
27. Cf. les concepts de « Fab Labs », MakerBots et imprimantes 3D, etc.

La question de savoir si Amazon est, ou non, un emblème du *social commerce*, est en fait très controversée. En mai 2010, Techcrunch posait la question suivante :

«Did Amazon Miss The Boat On Social Commerce ?»[28]

Techcrunch (et les membres d'un panel sur le sujet lors de Techcrunch Disrupt New York 2010, dont Rob Kalin, CEO d'Etsy) estimait dans cet article qu'Amazon avait une stratégie assez peu axée sur l'innovation, notamment dans un contexte d'émergence d'un aussi grand nombre de nouveaux services particulièrement visibles du grand public. De nombreux commentateurs ont exprimé leur désaccord profond avec cette interprétation :

«Amazon Didn't Miss the Boat on Social Commerce, It Built It»[29]

Pourtant, Amazon est principalement emblématique pour ses reviews, et les reviews sont davantage des échanges entre un utilisateur donné et le site lui-même – d'autant que ces reviews sont ensuite utilisées pour faire de la recommandation automatique pour l'utilisateur[30] – que des échanges authentiques *entre les utilisateurs* :

«Ratings and reviews are the 101 of ecommerce. These elements have been here forever and they are absolutely necessary for almost any online shop to attract customers, I agree. But these elements are product oriented (not people oriented).

But social (or the new thing about social) is about customer interaction, people can connect directly with eachother. This is where Amazon was never good at and is still very bad (although you can find user profiles now on Amazon), and this is what the Techcrunch panel was about.»

— Jochen Krisch, Exciting Commerce

Une définition plus restrictive du social commerce serait donc la suivante :

28. Leena Rao, Techcrunch, 30 mai 2010.
29. Paul Marsden, Social commerce today, 7 juin 2010.
30. «Vous avez aimé ce livre, vous aimerez aussi celui-là»

« Social commerce : Subset of e-commerce in which
the active participation of customers and *their personal
relationships* are at the forefront. »
Le caractère profondément social d'un service de social commerce
serait donc basé sur le fait que les utilisateurs tissent entre eux de véri-
tables relations personnelles (ou qu'ils les aient a priori, par exemple
dans le cas d'amis Facebook).

Il est intéressant de noter qu'à partir de 2005, les sites de reviews,
et notamment Amazon [31], ont justement commencé à encourager la
participation de leurs utilisateurs sous leurs vrais noms, pour :
– pouvoir favoriser le sentiment de « proximité » entre les utilisateurs
  (également en implémentant des profils utilisateurs permettant de
  consulter toutes les reviews d'une personne) ;
– mais aussi bien sûr pour pouvoir lutter contre les recommandations
  biaisées (personnes non-neutres commentant de manière anonyme
  sur un produit), et plus généralement pour augmenter la qualité des
  contributions.

Les marchands ont dans l'ensemble mis du temps à laisser leurs consommateurs s'exprimer sur leurs produits, et notamment à laisser les commentaires négatifs. Pourtant, les commentaires négatifs permettent de
« crédibiliser » les commentaires positifs, et l'utilisation de l'UGC par
les marchands semble aujourd'hui quelque chose de complètement incontournable.

Des entreprises « confirmées » comme Bazaarvoice et PowerReviews,
ou des nouveaux entrants comme en France Lidoli [32], proposent aux
marchands des solutions clés en main de reviews de consommateurs et
parfois de forums de discussion entre consommateurs, et les markètent
comme des solutions de social commerce.

En particulier, Bazaarvoice devrait prochainement faire évoluer sa solution « Ratings & Reviews » pour accorder une place plus importante
aux pages profils des consommateurs (*Active Profiles*), et pour faire en
sorte que ceux-ci puissent réellement interagir *entre eux*.

---

31. A l'aide d'une vérification d'identité basée sur la carte de crédit de l'utilisateur.
32. « Like, Don't like »

⬛Bazaarvoice˙

FIGURE 2.14 – Bazaarvoice

2.5 Le Social marketing, ou l'évolution de la relation aux marques et aux marchands

La relation du consommateur à la marque et au marchand a énormément changé depuis quelques années, et notamment depuis la popularisation de services comme Twitter.

En effet, les services Web du type de Twitter, où les conversations sont *publiques*, et sont souvent basés sur des *relations sociales asymétriques* (« ce que tu dis m'intéresse ») plutôt que sur les relations symétriques (« nous sommes amis ») de Facebook, se prêtent particulièrement bien à la création de discussions ad hoc entre personnes ne se connaissant pas, et donc très naturellement, à la discussion avec les marques ou entreprises. Les consommateurs peuvent aujourd'hui interpeller publiquement une marque et lui demander des comptes sur tel ou tel problème.

On peut argumenter sur le fait que ce sont principalement les personnes « influentes » (au sens du « Web 2.0 ») qui disposent d'une visibilité suffisante pour pouvoir interpeller les marques et obtenir d'elles des réponses satisfaisantes, néanmoins, il est objectivement évident qu'il est plus facile aujourd'hui pour un consommateur « lambda » de faire « entendre sa voix ».

Corrélativement, le niveau de l'*attente des consommateurs*, notamment pour un message personnalisé, est en croissance constante.

L'exemple de Zappos (numéro un américain de la chaussure en ligne, racheté en 2009 par Amazon) est emblématique de l'importance croissante d'une relation client personnalisée, notamment dans le domaine du e-commerce. Ainsi, le service client de Zappos répond à toute demande, quel qu'en soit le motif et le canal de communication (mail,

FIGURE 2.15 – Zappos

Twitter, etc), avec une vraie culture de respect du client. Le CEO de Zappos, Tony Hsieh, a une équipe qui répond à tous les mails envoyés à ceo@zappos.com, etc.

Le choix stratégique tel que présenté par Tony Hsieh est le suivant : tout dollar non dépensé en publicité ou en marketing est investi en « customer service », ce qui se traduit par un taux de fidélité du consommateur beaucoup plus élevé que la moyenne du e-commerce.

Cette approche se retrouve aujourd'hui chez tout un tas de e-commerçants, petits ou grands, qui parviennent à créer une communauté de clients-évangélisateurs autour d'une *expérience* de shopping distinctive et originale [33], voire un peu décalée. En France, pour ne donner qu'un exemple, on peut citer Patrice Cassard et Archiduchesse (chaussettes).

2.6 Vendre directement sur les réseaux sociaux

Pour les marchands, l'extension naturelle du social marketing – « discuter avec ses clients là où ils se trouvent, c'est-à-dire sur les réseaux sociaux » – est de *vendre* directement sur ces mêmes réseaux sociaux.

Pour les e-commerçants, cette démarche n'est pas forcément évidente, car elle impose de créer une nouvelle boutique – alors que le e-commerçant classique n'en gérait jusqu'à maintenant qu'une seule – et donc de

---

33. « Buy My Stuff — and Theirs, Too », New York Times, 2 octobre 2010.

faire du « multi-canal ». Pourtant, les opportunités dans ce domaine sont énormes.

Ainsi par exemple, quelques marques ou marchands vendent depuis quelques années sur Facebook (dès 2007). Néanmoins, nous vivons aujourd'hui une massification de ces pratiques, puisque les géants de la distribution et du commerce, et en premier lieu Amazon, commencent à les adopter. Procter & Gamble (l'un des plus grands annonceurs mondiaux) et Amazon ont ainsi lancé en octobre 2010 une boutique de couches Pampers sur Facebook [34], et P&G a indiqué que cette pratique serait rapidement étendue aux 29 plus grandes marques de l'entreprise.

---

34. « Amazon and Pampers Bring Diaper Shopping to Facebook », Mashable, 1er octobre 2010.

Sur quel réseau social dois-je vendre ?

La réponse dépend bien sûr du marchand qui la pose :
- Sur certaines niches de produits, il existe des réseaux sociaux spécifiques très pertinents et il convient alors de cibler en priorité ceux-ci ;
- Sur d'autres verticales, il est préférable de cibler les réseaux sociaux les plus généralistes, et notamment Facebook (F-boutiques) et ses 500 millions d'utilisateurs, parfois Youtube (YouTube boutique ou « YouTique [a] »).
- Twitter ne permet pas pour l'instant de vendre directement (les interactions étant limitées à des messages textuels de 140 caractères...), mais nous verrons dans le chapitre 4 que cela pourrait évoluer.

Une étude réalisée par Eventbrite (un vendeur de billets de spectacles) en octobre 2010 évaluait l'impact en termes de ventes, sur différents réseaux sociaux, du « partage » par l'utilisateur d'un lien vers un événement ; les chiffres données par Eventbrite étaient les suivants :
- sur Facebook, un partage a généré en moyenne 2,52$;
- sur Twitter, 0,43$;
- sur LinkedIn, 0,90$;
- et par email, 2,34$ – l'impact d'une recommandation sur Facebook est donc a peu près équivalent à celui d'une recommandation par mail.

---

a. La boutique Youtube de la marque French Connection a particulièrement « buzzé », en proposant notamment une expérience « seamless » entre Youtube et la boutique en ligne de la marque.

F-commerce ? WTF ?

Après le e-commerce et le m-commerce, le *F-commerce* est le symbole de la pratique du e-commerce directement sur Facebook.

Certains marchands implémentent eux-même leur boutique Facebook, tandis que d'autres utilisent les services de prestataires, parmi lesquels les plus connus sont :
- StoreFront, une offre de Payvment (US) ;
- ShopTab (US) ;
- et Boosket (France) ;
- et bientôt Amazon WebStore.

L'un des points les plus importants aujourd'hui pour la réussite d'une boutique sur Facebook est probablement l'*ergonomie du paiement*, et notamment la possibilité de mener à bien toute la transaction sans avoir à quitter Facebook (cela n'est pas encore possible sur les boutiques Boosket, par exemple). De nombreuses solutions innovantes devraient encore émerger, notamment sur les micropaiements, et y compris à l'aide des Facebook Credits (le « porte-monnaie » Facebook).

L'usage des *Facebook Credits* devrait d'ailleurs croître très fortement dans les prochains mois, notamment car ceux-ci sont maintenant en vente dans les réseaux de distribution physique, et parce que les développeurs d'applications de *social gaming* comme FarmVille sont fortement incités à les utiliser.

Des services comme IFeelGoods se lancent aux Etats-Unis et en France sur l'utilisation des Facebook Credits pour le e-commerce [a].

Enfin, on peut citer ici *Facebook Marketplace*, l'application de petites annonces « officielle » de Facebook. Ce service rencontre un certain succès, mais il n'a jamais été réellement mis en avant par Facebook et n'a jamais rivalisé avec les géants du segment comme Craigslist ou eBay. D'ailleurs, Facebook a externalisé la gestion de ce service à une entreprise tierce (Oodle) en décembre 2008.

a. « Online Retailers to Offer Facebook Credits as Shopping Incentives », Mashable, 29 sept. 2010.

Il est difficile d'estimer le nombre de boutiques Facebook ou la propor-

FIGURE 2.16 – Boosket

tion des e-commerçants disposant aujourd'hui d'une telle boutique,
mais :
- pas un jour ne passe sans qu'un « gros » e-commerçant lance sa
  F-boutique (aux US, JCPenney, Swarovski, etc.) ;
- d'après Josh Constine [35] (Inside Facebook), la moitié des 25 plus
  gros e-commerçants U.S. et des 25 e-commerçants ayant la croissance la plus forte ont une boutique sur Facebook ;
- Pendant le week-end du « Black Friday », plus de 20 % des ventes
  de Kembrel (ventes privées pour les étudiants) ont été réalisées directement sur Facebook (et les montants de ces ventes étaient de 7
  à 10 % plus élevés que celles réalisées sur le site lui-même).

Il y a probablement de vrais enjeux pour 2011 au niveau :
- de l'*expérience utilisateur et de l'utilisabilité* : de nombreuses boutiques semblent « transposées artificiellement » dans Facebook, l'intégration visuelle avec les « codes » du design de Facebook n'est pas
  toujours satisfaisante, etc.
- de la *stratégie commerciale* des marchands : il n'est pas forcément
  opportun de présenter l'intégralité du catalogue de produits dans
  Facebook... En revanche, il peut être souhaitable de proposer des
  offres spécifiques, « VIP », aux fans Facebook de la marque. Etsy
  va encore plus loin en proposant une application Facebook qui permet de trouver des idées de cadeaux pour ses amis, qui sont person-
  nalisées en fonction de leur profil et de leurs centres d'intérêt (les

---

35. « The Year in Facebook-Powered Shopping », décembre 2010.

FIGURE 2.17 – Facebook Credits

FIGURE 2.18 – Facebook Credits en vente dans les réseaux de distribution physique

Likes) ; les deux chapitres suivants vont nous permettre d'examiner en détail ces possibilités.

Chapitre 3

E-commerce et Web sémantique

« The question before us is this : Is the Web getting smarter as it grows up ? »
— Tim O'Reilly et John Battelle, « Web Squared : Web 2.0 Five Years On ».

Nous allons voir dans les deux chapitres suivants que le Web sémantique est un *pont technologique* entre le e-commerce et le Web social, avec un impact potentiel en termes de services très important..

L'enjeu du Web sémantique pour le e-commerce est de passer d'un ensemble de documents sur des offres ou des produits à destination exclusive de lecteurs *humains*, à un ensemble de services interconnectés et communicants, avec pour résultat des taux de transformation accrus pour les marchands, de nombreux services innovants et une expérience très améliorée pour l'utilisateur.

Ce chapitre vise à présenter les différentes approches qui sont en train de se développer dans le domaine du Web sémantique appliqué au

```
<p xmlns:dc="http://purl.org/dc/elements/1.1/"
   about="http://www.example.com/books/wikinomics">
In his latest book
<cite property="dc:title">Wikinomics</cite>,
<span property="dc:creator">Don Tapscott</span>
explains deep changes in technology,
demographics and business.
The book is due to be published in
<span property="dc:date" content="2006-10-01">October 2006</span>.
</p>
```

FIGURE 3.1 – Exemple de contenu HTML sémantique (RDFa)

e-commerce, tandis que le chapitre 4 permettra de faire le lien entre
e-commerce et Web social.

3.1   Qu'est-ce que le Web sémantique ?

Le Web sémantique est un Web « plus intelligent » où les documents
sont compréhensibles par les machines et peuvent donc être traités
automatiquement de manière beaucoup plus pertinente. Plus précisément, c'est une évolution progressive du Web portant à la fois sur la
production du contenu et sur son analyse.

La phase de production de contenu est celle qui nous intéresse le plus
ici [1]. On adjoint aux documents, avant même leur publication, des métadonnées qui permettent aux machines d'en comprendre le sens. Par
exemple dans le cas de contenu textuel, on ajoute au texte brut des
balises donnant une représentation abstraite du sens du texte, indépen-
damment de la langue dans laquelle il est écrit (cf. Fig. 3.1 : titre du
livre, auteur, date de publication).

---

1. La phase d'*analyse des contenus*, elle, correspond à la compréhension, a poste-
riori, du sens des documents, c'est-à-dire lorsque le contenu est lu, soit par un humain
par le biais de son navigateur Internet, soit par une machine lors de l'indexation par
les moteurs de recherche. Les technologies mises en œuvre pour cette compréhension
peuvent être purement automatiques (analyse de texte ou d'images, intelligence artifi-
cielle) ou demander, en plus, la contribution d'intelligence humaine.

La diffusion de contenus sémantiques requiert donc une adaptation des systèmes de gestion de contenu sur le Web, c'est-à-dire par exemple, dans le cas du e-commerce, des logiciels de boutiques en ligne et des autres logiciels e-commerce comme les comparateurs de prix.

Dans l'ensemble, l'adoption des concepts du Web sémantique par les acteurs du e-commerce est aujourd'hui relativement limitée, mais elle commence à décoller. Nous décrirons dans les prochaines sections les différentes approches qui sont adoptées pour optimiser la compréhension du contenu e-commerce par les machines sans trop en complexifier la production.

3.2 L'avènement du Web sémantique pour le e-commerce : les Rich Snippets de Google

Le Web sémantique pour le e-commerce est déjà une réalité, par le biais des *Rich Snippets* de Google.

Un Rich Snippet est la représentation d'un résultat sur une page d'un moteur de recherche (*SERP* ou Search engine results page) qui présente des spécificités dues à l'utilisation de marquage sémantique sur la page en question. L'exemple le plus répandu de Rich snippet est la présence de petites étoiles indiquant la présence sur la page d'une ou plusieurs « reviews » ou avis de consommateurs.

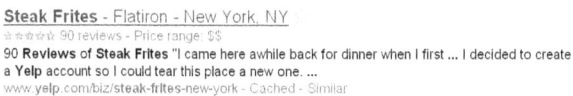

Steak Frites - Flatiron - New York, NY
★★★★★ 90 reviews - Price range: $$
90 **Reviews** of **Steak Frites** "I came here awhile back for dinner when I first ... I decided to create a **Yelp** account so I could tear this place a new one. ...
www.yelp.com/biz/steak-frites-new-york - Cached - Similar

FIGURE 3.2 – Rich Snippet pour un commerce physique

Google a lancé les Rich Snippets en *mai 2009*, initialement avec les reviews. Il existe des sites de reviews de commerces physiques (cf. Fig. 3.2) mais aussi de produits (cf. Fig. 3.3) ; on trouve donc aussi naturellement des reviews sur les sites de e-commerce.

FIGURE 3.3 – Rich Snippet pour une Review de produit

Depuis mai 2009, Google a ajouté le support pour les métadonnées sur les coordonnées des personnes (*People*), sur les dates et événements (*Events*) et même les recettes de cuisine (*Recipes*).

Mais surtout, Google a lancé en novembre 2010[2] les *Rich snippets sur les produits* (Products), permettant aux sites e-commerce de bénéficier de Rich snippets mentionnant de manière spécifique (en plus des données présentes sur les Rich snippets de type Reviews) le *prix* et la *disponibilité* des produits, directement dans les résultats de recherche de Google (cf. Fig. 3.4).

FIGURE 3.4 – Rich Snippet pour un produit disponible à la vente

Pour ajouter du marquage sémantique à ses pages, un développeur Web modifie légérement le code de son application, pour ajouter certaines balises au contenu HTML « standard » décrivant par exemple un produit, ici, une enclume (*Anvil*, cf. Fig. 3.5).

Google accepte les métadonnées sous trois formats : *microformats*, *RDFa*, et *microdata*. Les figures 3.6, 3.7 et 3.8, qui sont les exemples donnés par Google lui-même, présentent les balises ajoutées au contenu HTML dans chacun de ces trois cas[3]. Google propose également un

---

2. « Rich snippets for shopping sites », 2 nov. 2010, Google Webmaster Central Blog.
3. Nous commenterons plus loin les différences d'approches de ces trois formats.

```
<div>
Brand: ACME
Category: Heavy objects
<h1>Large all-purpose anvil</h1>
<img src="http://anvil.example.com/anvil.jpg"/>
On sale for $99.95.
If you need an object to drop from a height,
    the classic A23859 anvil from ACME is the only way to go.
<a href="http://anvil.example.com">Anvil details page"</a>
</div>
```

FIGURE 3.5 – Informations produit en « plain » HTML

```
<div class="hproduct">
    Brand: <span class="brand">ACME</span>
    <span class="category">Heavy objects</span>
    <h1 class="fn">Large all-purpose anvil</h1>
    On sale for
    <span class="price">$99.95</span>.
    <span class="description">If you need an object to drop from a height,
        the classic A23859 anvil from ACME is the way to go.</span>
    <a href="http://anvil.example.com" class="url">Anvil details page</a>
</div>
```

FIGURE 3.6 – Informations produit en microformats

outil de test [4] permettant de valider que le marquage ajouté à une page est correct [5].

D'autre part, une approche alternative (ou plutôt complémentaire) à l'ajout de marquage sémantique aux pages produits, est de fournir directement à Google des fichiers reprenant ces mêmes informations, par l'intermédiaire du Google Merchant Center [6].

De grands acteurs du commerce et de la distribution, comme BestBuy ou Amazon, ont déjà ajouté du marquage sémantique à leur contenu Web (cf. Fig. 3.3).

---

4. Le « Rich Snippets testing tool ».

5. Google, bien qu'encourageant l'ajout de métadonnées aux pages Web, ne garantit pas que leur présence entraînera la génération de Rich Snippets pour les pages en question.

6. Néanmoins, le marquage sémantique des pages elles-mêmes permet à ces données d'être disponibles également pour les éventuels concurrents de Google (les comparateurs de prix, par exemple)...

```
<div>
  <div xmlns:v="http://rdf.data-vocabulary.org/#" typeof="v:Product">
    <span property="v:brand">ACME</span>
    <span property="v:category">Heavy objects</span>
    <span property="v:name">Large all-purpose anvil</span>
    <span property="v:description">If you need an object to drop from a height,
    the classic A23859 anvil from ACME is the way to go.</span>
  </div>
  <a href="http://anvil.example.com/" rel="v:url">Anvil details page</a>
</div>
```

FIGURE 3.7 – Informations produit en RDFa

```
<div itemscope itemtype="http://data-vocabulary.org/Product">
  Brand: <span itemprop="brand">ACME</span>
  Category: <span itemprop="category">Heavy objects</span>
  <h1><span itemprop="name">Large all-purpose anvil</span> </h1>
  <span itemprop="photo"><img src="http://anvil.example.com/anvil.jpg"/></span>
  On sale for <span itemprop="price">$99.95</span>.
  <span itemprop="description">If you need an object to drop from a height,
  the classic A23859 anvil from ACME is the way to go.</span>
  <a href="http://anvil.example.com" itemprop="url">Anvil details page</a>
</div>
```

FIGURE 3.8 – Informations produit en microdata

Les *bénéfices* de l'adoption de ces formats de marquage « intelligents »
par les marchands ou autres services e-commerce tiennent à leur *impact SEO très important* :

- la mise en place des microformats sur les pages implique que le
contenu est bien structuré et « propre », ce qui est jugé positivement
par Google ;
- le taux de clic par les utilisateurs des pages disposant de Rich Snippets, plus visibles dans les pages de résultats de Google, est plus
important [7], ce qui :
  - amène davantage de trafic,
  - et rétroactivement améliore le positionnement du site dans la page
  de résultats (plus un lien est cliqué, mieux il est classé).
- Enfin, les métadonnées permettent au moteur de recherche de mieux
cibler la nature du contenu de la page, et donc de proposer cette

---

7. Il est difficile de quantifier cet impact, mais certaines études parlent de 30 %
d'augmentation du click-through rate (CTR) pour les Rich snippets.

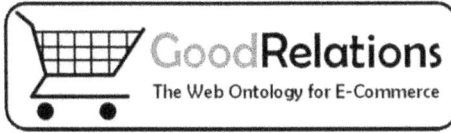

FIGURE 3.9 – GoodRelations

page à l'utilisateur en réponse à des requêtes pour lesquelles elle est réellement pertinente – ce qui indirectement améliorera le taux de clic et donc le positionnement du site.

Il y a donc un vrai avantage compétitif pour les services e-commerce à commencer à implémenter les pratiques du Web sémantique.

3.3 GoodRelations, une ontologie pour le (e-) commerce

Le concept du Web sémantique tel qu'il est décrit par *RDFa* nécessite de marquer de manière précise la nature de chaque entité représentée par du code HTML, c'est-à-dire, en prenant l'exemple du code de la Fig. 3.7, de répondre aux questions :
– Qu'est-ce qu'un produit ?
– Qu'est-ce qu'une marque ?
– Qu'est-ce qu'une catégorie de produits ?

On dit que cette approche du Web sémantique nécessite de définir une *ontologie*, c'est-à-dire un dictionnaire définissant de manière univoque, assez précise, et indépendante de la langue utilisée, les termes d'un domaine spécifique.

Dans le domaine du commerce et du e-commerce, l'ontologie la plus complète est celle de *GoodRelations*.

GoodRelations permet ainsi de définir avec précision, par exemple :

- le prix précis d'une offre commerciale, incluant tous les facteurs de prix potentiels (TVA, frais de livraison, douane, etc.), y compris pour décrire des prix complexes, dégressifs ou dynamiques, comme ceux décrits par la phrase « We lease our boats for 24 USD per 6 hours for 0-3 days, and for 75 USD per day for any longer rental » ;
- les moyens de paiement acceptés par un commerce ;
- un moyen de livraison pour de la vente à distance ;
- les horaires d'ouverture d'un commerce physique en fonction du jour de la semaine ;
- etc.

Ainsi, à titre d'exemple, pour les moyens de paiement : `gr:PaymentMethod` est défini à l'URI `http://purl.org/goodrelations/v1#PaymentMethod` de la manière suivante :

> « A Payment Method is a standardized procedure for transferring the monetary amount for a purchase. Payment Methods are characterized by the legal and technical structures used, and by the organization or group carrying out the transaction. This element is mostly used for specifying the types of payment accepted by a Business Entity. »

et ses valeurs possibles sont :
- `gr:ByBankTransferInAdvance`
- `gr:ByInvoice`
- `gr:Cash`
- `gr:CheckInAdvance`
- `gr:COD`
- `gr:DirectDebit`
- `gr:PayPal`
- `gr:PaymentMethodCreditCard`, sous-classe dont les membres sont :
  - `gr:AmericanExpress`
  - `gr:DinersClub`
  - `gr:Discover`
  - `gr:MasterCard`
  - `gr:VISA`

Le vaste problème de l'identification des produits

L'ontologie GoodRelations ne traite pas la question de l'*identification des produits*, c'est-à-dire qu'elle ne permet pas de dire de manière univoque si un appareil photo est un appareil photo de telle marque et de tel modèle.

Paradoxalement, l'identification d'un produit[a] est un problème très difficile : les bases de données UPC[b] et EAN[c], utilisées pour le codage des codes à barres, sont imparfaites, car un même produit peut être vendu sous plusieurs EAN différents (par exemple dans des pays différents, mais pas seulement), et réciproquement certains producteurs ou distributeurs peuvent réassigner un même EAN à plusieurs produits (Plus théoriquement, la question de la définition même du concept de produit, n'est pas triviale...).

D'autre part, même quand un EAN permettrait d'identifier de manière satisfaisante un produit, celui-ci n'est pas toujours publié par le distributeur voire par son fabricant.

Une manière d'identifier un produit est donc de se baser sur des heuristiques basées par exemple, sur la marque et le modèle, le prix, la catégorie, etc. Ces difficultés expliquent notamment que les comparateurs de prix ont du mal à cibler uniquement le produit recherché par l'utilisateur (et non les produits dont la référence est quasiment la même).

Un exemple de catégorie de biens où l'identification des produits est plus opérationnelle, est la catégorie des livres (l'ISBN y est défini de manière très homogène)[d].

---

a. C'est-à-dire par exemple, l'appareil photo « EOS 550 D » de la marque « Canon » ; on ne parle pas ici de l'identification d'un *objet* particulier, c'est-à-dire *un* Canon EOS 550 D particulier.
b. Universal Product Code
c. European Article Number
d. Le *SKU* ou Stock-keeping unit est un identifiant produit spécifique à un marchand donné. Un type particulier de SKU est l'*ASIN* ou Amazon Standard Identification Number.

L'ontologie GoodRelations est aujourd'hui implémentée, entre autres, par O'Reilly (maison d'édition), BestBuy et Overstock.com – ce qui représente déjà plusieurs millions de produits et plusieurs dizaines de millions de pages – et elle est consommée par Google et Yahoo !.

Le déploiement généralisé d'une ontologie comme GoodRelations chez les e-commerçants permettrait de développer des outils d'aide à la décision de shopping, allant beaucoup plus loin que les comparateurs de prix actuels car basés non seulement sur le prix, mais aussi sur tous les autres facteurs qui font qu'un internaute choisit telle ou telle offre : les frais de livraison, le délai moyen de la prise de commande du marchand, les options de paiement, les conditions de garantie et de service après-vente, etc.

GoodRelations permet également d'harmoniser ou de comparer précisément les offres des commerçants basés dans des pays différents, ce qui contribuerait d'ailleurs à développer le *commerce transfrontalier*, cher à la Commission Européenne et à l'ACSEL [8].

3.4   Les microformats, une approche pragmatique de la sémantification du Web

Les microformats constituent une approche du Web sémantique qui peut être considérée comme plus pragmatique, potentiellement moins complète, mais en contrepartie se basant plus simplement sur l'existant.

En comparant les figures Fig. 3.7 et Fig. 3.6, on peut voir que :
– dans le cas des microformats, les métadonnées sémantiques sont ajoutées *directement au contenu Web*, par le biais de classes et d'attributs « standards » XHTML et HTML, et non par le biais d'attributs spécifiques

---

8. La question des particularités réglementaires nationales étant un autre problème ;)

(`property="v:category"`) [9] ;
- il n'y a pas d'« espaces de noms » ou *namespaces*
  (`v="http://rdf.data-vocabulary.org/#"`) définissant de manière explicite et univoque le type de données dont on parle ;
- pour ces raisons, le code est lisible à la fois par les machines, mais aussi par les humains ; corrélativement il est aussi plus facile à écrire et à produire. Il est également moins « verbeux » (quantité de code supplémentaire plus limitée).

Il est à noter qu'à son origine (2005-2006), le mouvement des microformats a été soutenu par CommerceNet, qui a été historiquement (1990-2000) une association de promotion du e-commerce. Aujourd'hui, les personnes les plus impliquées dans l'initiative des microformats sont plutôt issues du « monde » du Web social.

Les microformats les plus directement spécifiques au e-commerce sont :
- hReview ;
- hReview-aggregate ;
- hProduct ;
- hListing.

- *hReview*, comme son nom l'indique, permet de sémantifier des *reviews* ou *avis consommateurs*, en codant notamment la *note* données à tel ou tel produit par un nombre entre 1 et 5 (avec une précision d'une décimale).
- *hReview-aggregate* permet de représenter de manière sémantique un ensemble de reviews, ainsi que la note moyenne de leurs notes.
- *hProduct* permet de représenter les éléments principaux d'un produit (i.e., communs à toute représentation d'un produit quel qu'il soit) : marque, fabricant, photo, description, etc. Un élément hProduct peut assez logiquement contenir un élément hReview ;
- *hListing* ajoute des éléments transactionnels permettant de décrire ce qui touche à la vente d'un produit (sur un site de vente, de petites annonces, etc.) : son prix, l'identité du vendeur, la date d'expiration de l'offre, etc.

---

9. Dans le cas des microformats, les métadonnées sont aussi ajoutées « inline », c'est-à-dire sous forme de balises marquant directement le contenu textuel ; mais en toute rigueur, cela est aussi possible avec RDFa, même si c'est moins fréquent.

microformats

FIGURE 3.10 – Microformats

Il n'existe pas aujourd'hui de microformat permettant de « dire » qu'une personne *a acheté* tel ou tel produit (comme sur Blippy ou Swipely, par exemple) ; un microformat spécifique hReceipt a été évoqué, mais une approche alternative serait simplement d'ajouter la date de la transaction à un hListing [10].

A nouveau, les microformats excluent de leur périmètre le problème de l'identification des produits :

> « The concept of a "universal object identifier", that is, how to identify the same object/item/product across different shopping sites, though something very useful to have, is outside the scope of this format. »
> — microformats.org

3.5   Microformats vs. microdata vs. RDFa

Il existe donc des approches sensiblement différentes du Web sémantique :
- RDFa ;
- les microformats ;
- et microdata, une approche intermédiaire entre les deux précédentes, en cours d'émergence (plus extensibles que les microformats, plus simples à produire et lire que RDFa).

---

10. « hReceipt » vs. hListing with a transaction date, Microformats Discuss mailing list, 19 septembre 2010

Cette fragmentation dans les formats de marquage du Web sémantique n'est pas extrêmement importante conceptuellement parlant, mais elle est problématique du point de vue des implémentations puisque du côté des *consommateurs* de données (par opposition aux producteurs de données), elle implique de parser du contenu Web en cherchant ces trois (voire plus) types de métadonnées en parallèle.

Ainsi par exemple, pour les informations sur les produits, Google supporte aujourd'hui à la fois hProduct et GoodRelations [11]. Du côté des producteurs de données (les marchands), il existe des extensions pour la plupart des grandes plateformes de e-commerce open source, aussi bien pour GoodRelations que pour les microformats.

Les microformats sont aujourd'hui de loin, les plus diffusés et adoptés : en août 2010, 94% des Rich Snippets de Google étaient issus de données représentées en microformats [12], avec notamment plus de 2 milliards de hCards (représentation de contacts personnels). 35% des développeurs Web utilisent les microformats, contre 5,6% pour RDFa [13]. Les microformats sont plus abordables pour la large communauté des Web développeurs [14], notamment parce qu'ils ne nécessitent pas de définir *ex ante* des vocabulaires de données complexes qui peuvent ensuite freiner l'interopérabilité des données [15]

Pourtant, l'approche Sémantique – avec un grand S, c'est-à-dire celle de RDF – n'est pas à déconsidérer pour autant, car elle permet de répondre à des problèmes complexes, notamment ceux nécessitant des ontologies ou vocabulaires spécifiques [16]. En conclusion, nous citerons un commentaire qui résume bien la situation :

---

11. « Marking up product information », Google Webmaster Tools Help.
12. « microformats.org at 5 : Two Billion Pages With hCards, 94% of Rich Snippets », Tantek Çelik, Juillet 2010.
13. Source : The State of Web Development 2010.
14. « In defense of microformats », Chris Messina, Juin 2009.
15. « Namespaces considered harmful », Tantek Çelik.
16. Entre autres exemples, la « Webisation » et la sémantification du droit, qui permettra de « remplacer les juristes par des machines » (au moins pour une partie de leur travail ;), etc.

« Anyway, it could be that you're both right. . . microformats scratch an itch now and RDF provides a heavier,
long term solution for more complex problems. »

3.6   Les enjeux de HTML5 pour le e-commerce

Pour finir, intéressons nous à la brique de base du Web : le HTML,
qui est le *format* des documents sur le Web. HTML5, la dernière version de HTML, est en cours de spécification par le W3C [17] et en cours
d'implémentation par les navigateurs. Les enjeux de HTML5, en tant
que « simple » format de données, sur le e-commerce, sont plutôt in-
directs ; néanmoins, les points suivants méritent d'être mentionnés :

– l'innovation la plus « connue » apportée par HTML5 est la possibilité d'afficher de la *vidéo en natif*, c'est-à-dire sans le recours à
  un « player » de type Flash. Nous avons vu que Flash risquait de
  perdre de la vitesse, notamment par le biais de la généralisation des
  iPhone et iPad qui ne le supportent pas. Dans le cas de services
  de e-commerce utilisant la vidéo (showcasing de produits, product
  linking par exemple), l'impact technologique de HTML5 est donc
  assez fort, et la migration technologique de Flash vers HTML5 est
  probablement importante ;
– plus largement que la vidéo, HTML5 permet de commencer à envi-
  sager à développer des *interfaces riches* sans Flash, mais ces déve-
  loppements prendront du temps à se mettre en place ;
– HTML5 devrait continuer à apporter un avantage compétitif, par le
  biais du SEO et du référencement, aux services e-commerce pro-
  duisant du contenu « propre », c'est-à-dire conforme aux standards
  et à l'état de l'art.
    – En effet, HTML5 poursuit l'effort vers la *sémantification du contenu
      Web*, c'est-à-dire la séparation du contenu et de sa présentation,
      et la production de marquage HTML avec des noms de classes

---

17. L'organisme de standardisation du Web.

sémantiques (et non présentationnels), comme « footnote » plutôt que « small » par exemple pour un contenu d'importance secondaire. HTML5 introduit par exemple des balises « header », « nav » ou « footer » ;

– et HTML5 introduit le support des *microdata*, une approche du Web sémantique intermédiaire entre RDFa et les microformats.

– plus généralement, les apports nouveaux de HTML5 en termes d'ergonomie (drag-and-drop) ou d'usabilité (stockage de données en local pour un usage des application Web en mode offline, support natif de la géolocalisation, etc.) vont permettre de développer des applications Web, et donc e-commerce, plus performantes et plus ergonomiques.

Chapitre 4

Web sémantique et réseaux sociaux

« The Web does not just connect machines, it connects people. »
— Tim Berners-Lee

Les services qui sont en train d'adopter le plus rapidement les concepts du Web sémantique (réutilisation automatique de données entre services) sont en fait, non pas les sites e-commerce, mais ceux du Web social.

Nous verrons dans ce chapitre en quoi le Web sémantique peut être vu comme le pont technologique entre le e-commerce et le Web social, en permettant à la fois :

- d'offrir une expérience plus avancée au consommateur du e-commerce et à l'utilisateur des réseaux sociaux,
- de mieux monétiser les réseaux sociaux en recueillant des données plus structurées sur leurs utilisateurs,
- et pour les e-commerçants, de mieux cibler leur publicité et donc de vendre plus.

FIGURE 4.1 – Open Graph Protocol

4.1 Facebook et l'Open Graph Protocol

Le 21 avril 2010, lors de sa conférence bi-annuelle pour les développeurs, f8, Facebook a lancé *Open Graph Protocol*, et sa partie la plus visible, le bouton « *Like* ».

N'importe quel développeur Web peut implémenter très rapidement l'Open Graph Protocol en ajoutant quelques métadonnées (basées sur une syntaxe de type RDFa) représentant la *page* en question (donc un niveau de granularité supérieur à la plupart des initiatives sémantiques jusqu'alors, qui permettaient de représenter plusieurs éléments différents – des produits par exemple – se trouvant sur la même page).

Les quatre propriétés requises sur toutes les pages sont :
- og:title – le titre de l'« objet » représenté par la page.
- og:type – le type de l'objet, par exemple :
  - bar, company, cafe, hotel, restaurant
  - actor, athlete, author, director, musician
  - mais aussi (ce qui nous intéresse le plus ici) : album, book, food, game, movie, product, song, tv_show, etc.
- og:image – une image de l'« objet »
- og:url – l'URL « canonique » de la page

og est le préfixe du XML namespace de l'Open Graph Protocol, c'est-à-dire qu'il s'agit d'un namespace particulier, défini par Facebook. Facebook n'a donc pas choisi de réutiliser de vocabulaires pré-existants déjà populaires (mais plus complexes), comme par exemple Dublin Core (dc), l'ontologie des bibliothéquaires.

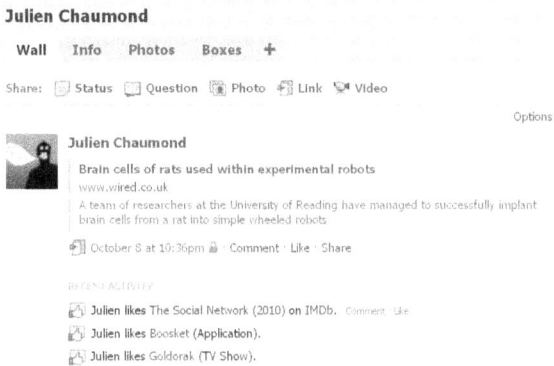

FIGURE 4.2 – Flux d'activités « Like » sur Facebook

La partie émergée de l'iceberg de l'Open Graph Protocol est le *bouton Like*, que tous les développeurs Web peuvent ajouter en une ligne de code et qui permet ensuite à l'utilisateur de faire remonter sur son profil Facebook (dans « Likes and Interests ») et sur son flux d'activités (cf. Fig. 4.2) les données sémantiques ci-dessus, classées par catégorie (films, séries TV, applications, etc.).

4.2   Facebook Like, un meta-Web social

En quelques mois, Facebook a en fait provoqué l'accélération du décollage du Web sémantique.

Le bouton Like est devenu omniprésent, déployé notamment sur de très grands sites comme IMDb, Rotten Tomatoes, CNN, ou BestBuy. Plus de 350 000 sites l'ont ainsi implémenté [1]. En termes d'impact sur le Web sémantique, il est devenu en quelques mois seulement le plus

---

1. Source : « E-commerce takes instant liking to Facebook button », Financial Times, 21 septembre 2010

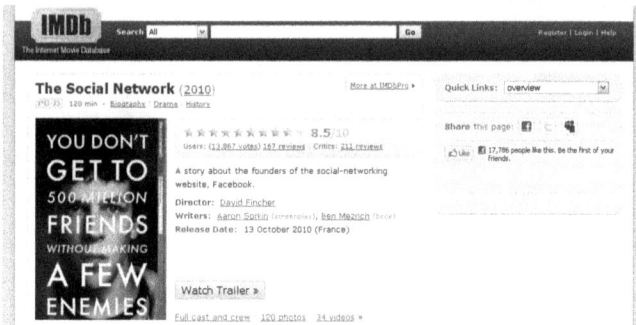

FIGURE 4.3 – Implémentation de Like sur IMDb

```html
<html xmlns:og="http://opengraphprotocol.org/schema/">
<head>
<title>The Social Network (2010)</title>
<meta property="og:title" content="The Social Network (2010)" />
<meta property="og:type" content="movie" />
<meta property="og:url" content="http://www.imdb.com/title/tt1285016/" />
<meta property="og:image" content="http://ia.media-imdb.com/images/socialnetwork.jpg" />
<meta property='og:site_name' content='IMDb' />
...
</head>
...
</html>
```

FIGURE 4.4 – IMDb et l'Open Graph Protocol pour le film « The Social Network »

FIGURE 4.5 – Facebook Like

grand déploiement de RDFa sur le Web[2].

Plus spécifiquement, en termes d'impact sur le e-commerce, Facebook Like permet à certains e-commerçants (le Financial Times donne l'exemple du site Tea Collection de vêtements d'enfants) de crowdsourcer le choix des nouvelles lignes de produits et d'en assurer la promotion virale, auprès de leurs amis, à la place du commerçant.

D'après Bret Taylor, le directeur de la plateforme chez Facebook :

> « It is demand generation rather than demand fulfilment. It's like seeing a print advertisement in a magazine and going around and handing it all your friends. »

Facebook Like est aussi l'exemplification du « permission marketing » de Seth Godin[3] :

> « The beauty of the Like button is that it allows people to *casually* signal affinity for a brand, product or broadcast, syndicating that casual Like back through their social networks »
> — Financial Times

L'ampleur prise par Like est complètement phénoménale : plus de 50 millions de likes sont cliqués chaque jour[4].

De nombreux commentateurs ont remarqué que Like pourrait permettre de construire l'équivalent social du PageRank, l'algorithme de

---

2. W3C Social Web Group, Final Report, octobre 2010.
3. « Permission Marketing : Turning Strangers Into Friends And Friends Into Customers », Seth Godin, 1999.
4. Source : Shop.org Annual Summit, 30 septembre 2010

👍 Like [f] 20,985 people like this. Be the first of your
          friends.

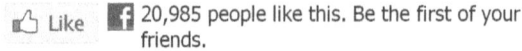

FIGURE 4.6 – Like Button, avec contexte

classement du Web de Google : un « Social PageRank » ou « Crowd-
sourced PageRank ». Plus précisément, Like pourrait permettre de construire
un meta-Web social, basé, non sur les hyperliens entre les pages, mais
sur les recommandations positives des utilisateurs.

Pourtant, l'ampleur prise par Facebook Like peut faire peur, car il
s'agit d'un outil de tracking, au même titre que les trackers publicitaires : Facebook sait sur quels sites [5] je surfe, y compris lorsque je ne
clique pas sur Like [6]. Des initiatives comme OpenLike se lancent en
réaction à l'hégémonie qu'est en train de construire Facebook avec le
« Like ».

> « Ok, not a big deal, but think laterally : how about
> this ? What if Larry and Sergey wanted to recreate Page-
> Rank today ?
>
> You know what I bet they wish they could have done ?
> Forced anyone who wanted to add a page to the web to
> authenticate with them first. (...)
>
> This sounds a lot to me like "Authenticated PageRank"
> — where everyone that wants to be listed in the index
> would have to get a Google account first. Sounds kind of
> smart, right ? Except — *shucks* — there's just one pro-
> blem with this model : it's evil ! »
> — Chris Messina, Understanding the Open Graph Proto-
> col

---

5. ayant implémenté Like.

6. L'unique condition étant que mon navigateur contienne un cookie Facebook,
c'est-à-dire que je sois loggué sur Facebook (y compris si Facebook n'est ouvert dans
aucune fenêtre en ce moment).

4.3 Les « nanoformats » : des données structurées sur Twitter ?

Après Facebook, il est logique de regarder si Twitter a lui aussi lancé des initiatives « sémantiques ».

Historiquement, sur Twitter, les nouveaux usages et nouvelles fonctionnalités sont le fruit de la pratique des utilisateurs eux-même : ainsi, par exemple, le *#hashtag*, permettant de tagguer (i.e., catégoriser) un message, ou le *retweet*, ou partage de tweet, créé par les utilisateurs « à la main » en ajoutant RT au début d'un message, bien avant que Twitter n'ajoute cette fonctionnalité.

Les utilisateurs de Twitter ont donc commencé à essayer d'utiliser les tweets de manière sémantique (compréhensible par les machines) en codant les métadonnées directement dans les 140 caractères du message :

- un hashtag est en fait un premier niveau de métadonnées apportant du contexte au message (textuel) lui-même ;
- certains utilisateurs ajoutent « `lang:en` » ou « `lang:fr` » pour spécifier la langue du message ;
- ou « `L:Paris,France` » voire « `L:48.856667,2.350833` » pour indiquer la localisation de l'émetteur du message (Twitter a depuis implémenté la géolocalisation) ;
- il existe de nombreux autres formats de métadonnées plus complexes ou ésotériques [7].

En termes de e-commerce, les « nanoformats » qui ont été proposés étaient :

- `deal:<sell,rent,trade,wanted,offer,announce>:<transaction subject>` pour indiquer une petite annonce de vente ou de recherche, soit par exemple :
  - `deal:sell:acer:n50 pda`
  - `deal:wanted:http://www.nabaztag.com`

---

7. Cf. http ://microformats.org/wiki/twitter-nanoformats

- `rate:<1-5>:<rated subject>` pour noter un produit, un film, etc. Par exemple :
  - `rate:5:Avatar`

D'autre part, sont apparus des services expérimentaux comme Tweetsell.it, qui est en fait le Proof-of-concept d'un moteur de recherche sur Twitter spécialisé dans le contenu lié à des petites annonces, et qui fonctionne de manière très basique :

- en récupérant à l'aide de l'API Twitter tous les tweets contenant un symbole d'unité monétaire (\$ ou €) ;
- en devinant le prix à partir du nombre situé à côté de ce signe monétaire, ce qui est relativement simple ;
- puis en inférant la nature du bien ou du service à vendre, ce qui est beaucoup plus compliqué.

Malgré sa simplicité, cet exemple permet de voir que le flux d'informations « commerciales » sur Twitter peut permettre de construire des services extrêmement intéressants basés sur la *connaissance en temps-réel des intentions d'achat ou de ventes des utilisateurs*.

4.4   Les Twitter Annotations

Avec les nanoformats, le caractère sémantique de Twitter était donc jusqu'à maintenant assez indirect, et son utilisation assez artisanale.

Pourtant, Twitter a annoncé en Avril 2010 lors de *Chirp*, la première édition de sa conférence pour les développeurs, le lancement à venir des *Annotations*. Les Annotations vont très probablement entraîner des évolutions majeures dans le service et son utilisation, et avoir des conséquences sur le Web sémantique tout entier [8] en permettant la production, à très grande échelle, de contenu sémantique temps-réel.

Les Annotations Twitter permettent d'attacher à un tweet n'importe quelles métadonnées. Ainsi, les applications Twitter (clients Twitter

---

8. « Will Twitter Annotations Jump-Start the Semantic Web ? », GigaOm, 9 juillet 2010.

FIGURE 4.7 – Chirp

comme Seesmic ou TweetDeck, autres applications comme Foursquare ou Gowalla, etc.) pourront produire et consommer, outre un « simple » message de 140 caractères lisible par des humains, des données de contexte sur tel ou tel élément lié au message [9].

Avec les Annotations, Twitter devrait donc devenir encore plus ce qui a été décrit comme un « bus de messages sur le Web », c'est-à-dire un protocole de communication, au-dessus des protocoles classiques [10] du Web.

Les types d'annotations suggérées par Twitter [11] sont par exemple : webpage, place, review, song, movie, tvshow, book, product, stock, offer, topic, event, etc.

Ainsi, par exemple, un tweet mentionnant le film *The Social Network* pourrait contenir les métadonnées suivantes, permettant d'afficher avec le tweet une image du film et un lien vers un site de review :

```
[
    {
        "movie":{
            "title":"The Social Network",
            "url":"http://www.rottentomatoes.com/m/social-network/",
            "image":"...",
            "text":"The Social Network"
```

---

9. comme elles peuvent déjà le faire avec la localisation
10. IP, TCP, HTTP...
11. http ://dev.twitter.com/pages/annotations_overview

```
        }
     }
  ]
```

Dans le cas du e-commerce, les types d'annotations review, product, offer (et leurs attributs rating, price, brand, model, category) sont extrêmement intéressants. Ils permettront, par exemple, de rendre compréhensible par une machine (et donc exploitables facilement) :

- les reviews d'un produit par les utilisateurs ;
- les offres d'un produit par un marchand, permettant de les comparer en temps-réel ;
- les achats réalisés par les utilisateurs, etc.

Comme pour Facebook, les Twitter Annotations ne sont donc pas une implémentation directe des formats pré-existants du Web sémantique. Dans l'intérêt d'une adoption rapide par les développeurs, la stratégie de Twitter est de se montrer assez libéral et flexible sur le contenu de ces métadonnées :

« The goal of Annotations are to bring more structured data to tweets to allow for better discovery of data and richer interactions. We aim to borrow heavily from, and use when possible, existing standards like RDFa, Microformats, Open Graph Protocol, AB Meta and Activitystrea.ms. Annotations will be a community-driven effort, but we aim to offer some initial guidance to hopefully create a critical mass of data that benefits users and developers. We want to lean towards loose-typing and minimal requirements while balancing that with enough structure to determine some semantics about the content or expression. »

4.5　ActivityStreams, un format pour syndiquer les activités sociales sur le Web

Les plus grands réseaux sociaux sont donc en train de déployer des moyens d'ajouter des métadonnées sémantiques aux messages et contenus partagés par les utilisateurs. Le niveau supérieur, « *meta* », de cette même approche est d'ajouter des données sémantiques, non seulement aux contenus, mais aussi aux *actions et activités des utilisateurs sur ces contenus*.

Ainsi par exemple, Open Graph Protocol permet de partager de manière sémantique les intérêts d'un utilisateur, mais il reste à développer un moyen de partager de manière sémantique l'*action réalisée par l'utilisateur* lorsqu'il a choisi d'exprimer son intérêt.

Les *flux d'activités* ou *activity streams* sont la représentation sous forme de liste chronologique des différentes actions et interactions d'un utilisateur et/ou de ses amis (« X et Y sont maintenant amis », « X a posté sur le mur de Z », etc.), le plus souvent dans un *ordre chronologique inversé* (le plus récent d'abord). Le meilleur exemple est celui du flux d'activité ou *News Feed* de Facebook, lancé en 2006, mais de multiples services, grand public ou d'entreprise [12], ont depuis adopté une représentation de ce type.

Le contenu étant de plus en plus produit et partagé en temps-réel et sous forme courte (« byte sized »), on a même pu décrire le stream comme un nouveau paradigme du Web [13] :

> « (...) just as the Web once emerged on top of the Internet, now something new is emerging on top of the Web : I call this the Stream. The Stream is the next phase of the Internet's evolution. It's what comes after, or on top of, the Web we've all been building and using. »

ActivityStreams est une initiative lancée par Chris Messina [14] visant à

---

12. Cf. les réseaux sociaux d'entreprise Salesforce Chatter, Yammer, Socialcast, etc.
13. « Welcome to the Stream », Nova Spivack, Mai 2009.
14. Open Web Advocate chez Google, et également impliqué dans les microformats.

permettre de partager de manière intéropérable les flux d'activités des utilisateurs sur les différents réseaux sociaux.

De nombreux réseaux sociaux proposent un flux de données (par exemple sous un format RSS ou Atom), mais ces flux ne permettent pas de recueillir toute la richesse des activités de leurs utilisateurs, et il n'existe aucun standard commun sur ces activités. Des services comme Friendfeed, racheté par Facebook en 2009, permettaient d'aggréger les différentes activités sociales en un *lifestream* [15] unifié, mais nécessitaient d'implémenter un connecteur spécifique pour chaque service. ActivityStreams vise en fait à devenir un équivalent de RSS pour les interactions sociales.

Une *activité* est la description d'une action qui a été réalisée (le *verbe*) à un certain moment par quelque chose ou quelqu'un (l'*acteur*) sur une personne, un lieu ou un objet (l'*objet*).

Les verbes couvrent les éléments et paradigmes d'interaction communs à la plupart des services du Web social :

– *Mark as Favorite*
– *Start Following*
– *Mark as Liked*
– *Make Friend*
– mais aussi les paradigmes d'interaction apparus plus récemment sur le Web mais qui deviennent rapidement des normes d'usage :
  – *Checkin*, cf. Foursquare et Gowalla, mais aussi des services utilisant le checkin pour des objets non géographiques – checkin sur une page Web [16], un objet, une personne (le Poke de Facebook peut être vu comme un Checkin non public...), un contenu culturel (GetGlue), etc.
  – *Reshare*, cf. le Retweet de Twitter.

L'initiative est aujourd'hui activement développée, et de premières implémentations notables ont eu lieu, notamment sur Facebook et Google Buzz.

---

15. une vue chronologique de toutes ses activités sociales
16. Marginize

FIGURE 4.8 – Poke

FIGURE 4.9 – ActivityStreams

Un verbe « *Purchase* » est actuellement proposé [17], pour pouvoir partager facilement, d'un service de réseau social à un autre (Blippy, Facebook, Ping...), le fait que l'utilisateur a acheté tel ou tel produit.

Au-delà du simple achat, d'autres verbes pourraient être pertinents dans un contexte de flux d'activités liées au e-commerce :
- *Follow*, pour exprimer son intérêt pour un produit ;
- *Favorite* ou *Checkin*, pour montrer son attachement à ce produit. Le checkin permettrait de mettre en place des mécanismes ludiques de social gaming (devenir « Maire », ou « product leader », de tel ou tel produit...) ;
- *Post Comment* pour écrire une review ou donner une note ;
- *Post (Listing)* pour poster une offre, par exemple sur Facebook Marketplace.

En conclusion, les actions typiques du e-commerce (ou du commerce) se prêtent donc très bien à une *représentation sous forme de flux d'activités*.

---

17. http ://wiki.activitystrea.ms/Purchase

Chapitre 5

Le Social commerce de demain

« If I had to guess, social commerce is the next area
to really blow up »
— Mark Zuckerberg, 23 Août 2010

Ce dernier chapitre vise à présenter les nouveaux services en cours de lancement fin 2010 - début 2011, et à poser un certain nombre de questions importantes, pas tranchées aujourd'hui, mais dont les réponses influeront fortement sur l'évolution du social commerce.

5.1 Les services en cours de lancement fin 2010

Fin 2010 et début 2011, un certain nombre de conférences et d'événements centrés sur le social commerce sont prévus :

- Le *Social commerce summit* (organisé par Bazaarvoice) du 4 au 6 avril 2011 à Austin, Texas ;
- Le Social commerce summit *London*, le 6 octobre 2010 ;
- Mais surtout la conférence *Rise of Social commerce*, les 6 et 7 octobre 2010 à Palo Alto, Californie.

FIGURE 5.1 – Rise of Social commerce, by Altimeter Group

Ces conférences sont plutôt axées sur les opportunités du social commerce pour les grandes entreprises (Delta Airlines, Dell, Hallmark, etc.) et les gros e-commerçants.

Mais le meilleur moyen d'anticiper les services et technologies à venir est sûrement d'examiner les *startups* qui se lancent aux conférences plus technologiques et plus axées « Web social », comme celles de Techcrunch, ou LeWeb en Europe.

Ainsi, la deuxième édition de Techcrunch Disrupt (anciennement Techcrunch 50) a eu lieu à San Francisco du 27 au 29 septembre 2010, et a permis à 25 startups (sur 1000 candidates) de lancer leur service devant de nombreux VC, blogueurs et entrepreneurs.

FIGURE 5.2 – Techcrunch Disrupt, Sept. 2010

Parmi les 25 startups figuraient notamment [1] les services « Social commerce » suivants :

- des services introduisant des aspects de « game mechanics » à des applications n'en disposant habituellement pas, comme *Badgeville* (sur-couche de social gaming proposée aux sites de contenus) ;
- des services à l'intersection des LBS [2] (Foursquare-like) et du commerce physique, comme *Checkpoints*, qui permet de gagner des points en scannant les codes-barres de produits dans des magasins physiques ;
- des shopping communities de niche, comme *ToVieFor* (Vente-privée ou Swoopo du sac à main et des accessoires) ;
- et enfin, un service particulièrement pertinent sur la thématique qui nous intéresse : *Shwowp* [3], un service d'aggrégation et de partage de son historique de shopping.

Shwowp, basé à Montréal [4], vise schématiquement à devenir un mix de Mint, Blippy et Tripit, en fournissant à l'utilisateur une interface unifiée de visualisation de ses différents achats chez de multiples marchands [5], en se basant sur l'analyse des mails de confirmation d'achat ou d'expédition (*mails transactionnels* [6]) qui sont une vraie mine d'or informationnelle inexploitée aujourd'hui.

L'accent du service semble aujourd'hui plus sur la visualisation et la gestion de ses propres achats (sorte de « dashboard » permettant par exemple de répondre à la question « quels sont mes 10 derniers achats ? »), que sur le partage avec ses amis et sur la couche de recommandations (la recommandation est aujourd'hui déléguée aux différents marchands). La stratégie de la startup est donc d'être plus proche aujourd'hui de Mint que de Blippy, mais comme pour d'autres ser-

---

1. « The List Of Startups Launching At TechCrunch Disrupt », Techcrunch, 27 septembre 2010.
2. Location-based services, réseaux sociaux géolocalisés.
3. Prononcé Sh-WOW-p : « Putting the WOW into Shopping » ;)
4. et cofondé par Tara Hunt, l'auteure de l'« Effet Whuffie ».
5. « Vendor Relationship Management », en référence au Customer Relationship Management.
6. Forwardés par l'utilisateur à Shwowp, au cas par cas ou automatiquement.

I

I

I

I

vices, les sur-couches sociales et recommandations semblent des évolutions naturelles.

Figure 5.3 – Shwowp

Les questions et remarques des membres du panel sur ce pitch (Loïc Le Meur, John Ham de Ustream, Don Dodge de Google) étaient très intéressantes[7] :

– Leur *réaction initiale* était particulièrement révélatrice : « pourquoi est-ce que je voudrais partager ce que j'achète ? ». Ce scepticisme semble pourtant dans la plupart des cas assez bref, puisque l'on réalise rapidement que les utilisateurs le font déjà massivement (il suffit de regarder ce que disent ses amis sur Twitter ou Facebook pour s'en persuader[8]) ;
– Les *bénéfices pour l'utilisateur* ne sont pas, eux, directement évidents : certains membres du panel affirment qu'ils n'utiliseraient un tel service que s'ils en tiraient un bénéfice économique (bons de réductions, etc.), alors que les services devraient être suffisamment utiles pour que leur intérêt soit évident ;
– L'ergonomie et l'adaptation aux processus d'achats actuels des utilisateurs est essentielle ;
– Enfin, certains marchands commencent à proposer des *API d'accès aux données d'achat de leurs clients* (même si Amazon est cité de manière incorrecte), mais cette pratique est encore très loin d'être généralisée (cf. section 5.2).

---

7. http ://www.ustream.tv/recorded/9879089
8. On peut estimer qu'au moins un statut d'utilisateur sur 4 ou 5 sur Facebook et Twitter concerne un produit (au sens large : bien culturel, voyage, etc.)

FIGURE 5.4 – LeWeb'10

La conférence *LeWeb'10*, organisée à Paris les 8 et 9 décembre 2010, a elle aussi permis à plusieurs startups « Social commerce » de se lancer, et notamment :

- Nuji, une communauté de social shopping centrée sur la mode et permettant de partager très simplement sur un produit avec ses amis Facebook (à l'aide d'un *bookmarklet*, un marque-page interactif à ajouter à son navigateur) ;
- et TinyPay.me (nouvelle version), une plateforme de P2P commerce [9] intrinsèquement sociale (customisation des pages vendeurs, diffusion très forte sur les réseaux sociaux, etc.) et très simple d'utilisation, et qui semble connaître une très forte croissance. TinyPay.me souhaite aussi se positionner plus comme une *plateforme* (décentralisée) que comme un site de type Marketplace, c'est-à-dire qu'un éditeur de contenu, par exemple, pourra placer une boutique Tiny-Pay.me directement sur son site.

FIGURE 5.5 – Nuji

---

9. A nouveau, nous définissons le P2P commerce, comme du C2C commerce (comme LeBonCoin) *social*.

FIGURE 5.6 – TinyPay.me

Enfin, un autre service en cours de lancement en France sur le segment du social commerce et qui semble intéressant est *ShopWiz* [10], qui vise à rendre plus fiables les commentaires sur les sites des marchands en privilégiant ceux écrits par les personnes les plus proches de l'utilisateur sur le graphe social (« les avis de vos amis »).

Enfin, du côté des boutiques en ligne open source, *Drupal Commerce* [11], en version alpha au moment de la rédaction de ce livre, est très prometteur et devrait accélerer la convergence entre e-commerce open source et frameworks Web à l'état de l'art, notamment par rapport à Magento, sur un certain nombre de critères :

- ergonomie,
- SEO,
- performances,
- extensibilité (facilité de développement de plugins),
- qualité du code, etc.

Le développement de Drupal Commerce est notamment soutenu par les français Commerce Guys et af83.

FIGURE 5.7 – Drupal Commerce

10. Anciennement Wizme
11. Evolution majeure de Ubercart.

5.2 Grande question #1 : l'ouverture des données des marchands sur leurs clients ?

Les marchands qui commencent à proposer des API d'accès aux données d'achat de leurs clients sont encore (très) rares ; cette pratique va-t-elle se généraliser ?

La question de la généralisation ou non de l'accès à ces données de consommation par des développeurs tiers, sur le modèle de plateformes supports d'applications, comme Twitter ou Facebook, est une question essentielle.

Aujourd'hui, par exemple, des marchands comme Groupon, Woot ou Netflix, autorisent l'accès par Blippy, via des API, aux données de consommation de leurs clients (ceux qui le désirent). En revanche, Amazon s'est opposé à cet accès [12], et condamne donc les services comme Blippy ou Shwowp à analyser les mails transactionnels envoyés aux consommateurs [13].

A terme, il est assez probable que les « petits » [14] marchands le permettent, dans un but d'optimisation de leur visibilité, mais que les plus grands y soient assez réticents, au moins dans un premier temps.

A plus long terme et plus généralement, le contrôle par l'utilisateur sur ses données de consommation et les utilisations qui en sont faites est une évolution majeure et assez naturelle.

La réponse à cette première question influera très fortement sur l'évolution du social commerce et du e-commerce en général.

Si les marchands gardent le contrôle exclusif des données de consommation de leurs clients, le modèle de développement du social commerce sera un modèle de développement *en silos*, où chaque marchand proposera son *propre* service de social commerce. En revanche,

---

12. « Amazon Says No To Blippy », Techcrunch, Février 2010.

13. Ce qui pose d'ailleurs la question de la propriété intellectuelle de ces mails : appartiennent-ils au consommateur, ou au marchand ?

14. Petits mais néanmoins suffisamment à l'état de l'art technique pour pouvoir le faire.

si les marchands permettent un accès à ces données, émergeront des *plateformes*, indépendantes et transversales, de social commerce [15]. Les marchands eux-mêmes deviendront alors des plateformes applicatives : à nouveau, Netflix permet déjà à ses consommateurs d'« installer des applications » sur leur profil, par exemple pour leur recommender des films. La métaphore de l'App Store d'Apple (système central de distribution d'applications) est devenue très populaire et pourrait se généraliser chez les marchands eux-mêmes.

Il est utile de citer ici la notion de *progressive competitive disclosure*, ou de « publication concurrentielle progressive » des données des agents économiques, une idée chère à Sir Tim Berners-Lee [16] : au début du Web, un libraire nommé Joe ne mettait sur son site que l'adresse physique de son magasin, pas son *catalogue*, car cela aurait donné un avantage compétitif à ses concurrents (« dans quels domaines le catalogue de Joe est-il pauvre ? », etc.). Pourtant, lorsque l'un de ses concurrents commence à mettre son catalogue en ligne, Joe est bien obligé de faire de même, ou alors il va perdre de nombreux clients. De même ensuite pour les *prix* de ses livres, puis même aujourd'hui pour ses *stocks* – d'abord uniquement pour les humains, puis pour les machines grâce à des API. On peut donc penser qu'il en sera de même, un jour, pour son fichier clients [17].

---

15. Blippy, en lançant son API, espère clairement devenir une telle plateforme. Blippy commence d'ailleurs à nouer des partenariats forts avec certains retailers : « Sephora Smelt It, Blippy Dealt It. Fragrance Retailer Takes Shopping Social », Techcrunch, 26 octobre 2010.

16. « e-Commerce and Linked Data », Interview with Tim Berners-Lee, ReadWriteWeb, Juillet 2009.

17. Certains marchands commencent aussi à proposer des API transactionnelles, permettant de passer des commandes chez eux sans passer par le « site » lui-même, ce qui permet à des développeurs tiers de créer des « frontends alternatifs » utilisant l'infrastructure de ces marchands.

5.3 Grande question #2 : jusqu'où ira le partage des utilisateurs ?

Une autre grande question dont la réponse va influer sur le développement du social commerce, est :
Quelles données les utilisateurs auront-ils envie – accepteront-ils – de partager ?

Ainsi par exemple, la différence principale entre Blippy et Swipely, est le fait que Blippy publie, par défaut, le montant de la transaction, alors que Swipely ne le fait pas.

La généralisation du *partage par le consommateur de ses montants de transaction* (avec la possibilité bien sûr d'exclure certaines transactions...) permettrait de généraliser des services intéressants : « dashboard » de la consommation d'un foyer par rapport à un autre, création d'une émulation entre les consommateurs visant à trouver le meilleur prix pour un achat donné, calcul d'un indice des prix qui soit réellement basé sur la consommation des ménages [18], etc.

Plus conceptuellement, la transparence des informations de consommation est l'une des conditions d'un marché économique parfait (« perfect competition »), et donc une mesure de l'efficacité économique d'un marché [19]. D'après Wikipedia :

> L'information parfaite de tous les agents sur tous les autres et sur le bien échangé suppose une information gratuite et immédiate ; la théorie montre que le processus de fixation des prix est alors équivalent à la présence d'un « commissaire-priseur », qui centralise les offres et les demandes, et qui calcule le prix d'équilibre, et par conséquent la production et la consommation de chacun.

---

18. Cf. les annonces sur le calcul d'un « Google Price Index » – « Will the Google Price Index become the favoured measure of inflation ? », The Guardian, 12 octobre 2010.

19. Définie comme la distance du marché à une concurrence pure et parfaite.

Quelles méthodes de partage de transactions vont se généraliser ? Automatiques (en analysant comme Blippy ou Swipely les relevés de cartes de crédit ou les comptes marchands), ou déclaratives (c'est l'utilisateur qui déclare avoir acheté tel ou tel produit à tel prix) ?

Plus généralement que le prix, le partage d'autres attributs de transaction (moyen de paiement utilisé, voire identité du vendeur [20]) ou de contexte (localisation de l'acte d'achat, y compris pour des achats online en mobilité), permettrait également de développer des services innovants [21].

Quelles nouvelles données, inexploitées aujourd'hui, les utilisateurs vont-ils commencer à partager ?

5.4   Grande question #3 : les modèles économiques innovants

Les innovations à venir dans le social commerce dépendent aussi naturellement de l'évolution des modèles économiques du e-commerce.

Les innovations actuelles dans les business models de vente de produits, par rapport au modèle traditionnel (un produit, un prix), sont nombreuses :

– innovations dans le pricing de la vente :
  – enchères inversées temps réel, comme Sokoz (France) ;
  – « entertainment shopping » comme Swoopo : enchères de type « penny auction » ou « all pay », où l'ensemble des participants doivent payer leurs offres mais seul le participant ayant remis

---

20. Square, la nouvelle startup du fondateur de Twitter, vise à transformer tous les smartphones en terminaux d'acceptation de paiement, et tous les utilisateurs en vendeurs...

21. Le partage par l'utilisateur d'une *intention* d'achat, avec un prix souhaité, permettrait de renverser le schéma classique du commerce « grand public » – où c'est le vendeur qui fixe le prix – voire même, avec une vision un peu prospectiviste, d'étendre les principes de la finance de marché à la consommation de tous les jours...

FIGURE 5.8 – Manpacks

FIGURE 5.9 – Raz*War

la meilleure offre remporte l'enchère (un MacBook Pro d'une valeur de 1799$ est par exemple vendu au meilleur enchérisseur pour 35,86$, mais un total de 3585 enchères ont été placées pour un coût total pour les participants de 2151$) ;
- et même expérimentations sur la *tarification dynamique* chez Amazon : des clients différents se voient proposer des prix différents pour le même produit, ce qui permet de mesurer finement et en temps-réel l'*élasticité-prix de la demande* et donc « pricer » de manière optimale ses offres pour maximiser sa marge [22] (cela se fait depuis longtemps dans les différents magasins physiques d'une même chaîne, mais pour l'instant très rarement en ligne, surtout en simultané).
- des modèles d'abonnement pour des biens physiques dont l'achat est récurrent mais qui n'étaient pas jusqu'à maintenant vendus par abonnement :
  - commande récurrente de produits d'entretien de maison, ou de couches sur diapers.com ;
  - Manpacks pour le linge de corps (sous-vêtements, chaussettes, T-shirts) livré automatiquement chaque mois, marketé comme le « Netflix de l'underwear » ;
  - et récemment, Raz*War pour les lames de rasoir (abonnement « El Ché » à partir de 27,50 € pour 30 lames/an et abonnement « El Fidel » à partir de 40 € pour 24 lames/an)...

---

22. « Online Dynamic Pricing : Efficiency, Equity and the Future of E-commerce », Robert M. Weiss et Ajay K. Mehrotra, 2001

Lesquels de ces modèles seront dominants ? La publication et le partage par les utilisateurs des *prix* auxquels ils auront acheté leurs produits, et plus largement des conditions de vente, vont-ils privilégier certains modèles par rapport à d'autres ?

5.5 Grande question #4 : Web centralisé ou distribué ?

Mais la question la plus essentielle (et qui est une vraie interrogation) est celle de l'évolution du Web vers un Web plus centralisé ou bien vers un Web distribué.

Historiquement, le Web (comme Internet) est un réseau *acentré* ; à l'origine, les différents labos hébergeaient chacun leur propre serveur avec leurs propres documents, ce qui fait qu'aucun des nœuds du réseau n'avait une importance démesurée par rapport aux autres. Chacun utilisait son propre serveur de mail, son propre espace de stockage de photos, voire sa propre liste de sites intéressants à visiter (les ancêtres des moteurs de recherche ;).

Pourtant, aujourd'hui, la plupart des gens utilisent un Webmail (Gmail, etc.), des services hébergés, et la plupart des internautes n'ont plus leur propre serveur. Le temps passé par les internautes sur le Web est de plus en plus *concentré* sur un petit nombre de sites et des services (les réseaux sociaux et Google notamment), ce qui constitue pour certains une remise en cause de l'architecture originelle d'Internet et du Web.

L'utilisation de widgets [23], par exemple du bouton Facebook Like, accentue cette centralisation et crée des *SPOF* (Single points of failure) : fin septembre 2010, lorsque Facebook a été *down* pendant quelques heures, de nombreux sites ont vu leur expérience dégradée (délai de réponse plus long, erreurs HTML, morceaux de page « cassés »), ou pire, pour les sites utilisant l'authentification Facebook pour identifier leurs utilisateurs, rendus complètement inutilisables.

---

23. éléments présents sur une page, mais servis par un autre domaine.

diaspora*

FIGURE 5.10 – Diaspora

En 2010, il y a eu énormément de *buzz* autour du développement de réseaux sociaux distribués ou « fédérés », c'est-à-dire permettant à chaque utilisateur d'héberger son propre service, tout en pouvant « suivre » ou « devenir ami » avec un utilisateur d'un autre réseau social [24].

Les étudiants à l'initiative de Diaspora, par exemple [25], ont réussi à recueillir 200 000 $ en quelques jours à l'occasion du « Quit Facebook day » pour développer un nouveau Facebook, open source, plus respectueux des données personnelles et de la vie privée de ses utilisateurs.

Pourtant, le projet le plus avancé dans le domaine des réseaux sociaux distribués est incontestablement StatusNet, un clone open source et distribué de Twitter, qui commence à connaître une vraie traction.

Le protocole de fédération développé par StatusNet s'appelle OStatus [26], et est basé sur les briques technologiques suivantes [27] :

– *ActivityStreams*, dont nous avons parlé ;
– *PubSubHubbub*, un protocole permettant de pousser de nouveaux flux de données en mode « Push », et non en mode « Pull » qui est le mode de fonctionnement de base du Web [28] ;
– *Webfinger*, un protocole permettant d'associer un identifiant de type email à une « page profil » d'un utilisateur ;

---

24. Ce que permet, par exemple, le mail.

25. Parmi les autres initiatives, on a pu voir Appleseed, OneSocialWeb, DiSo, GNU Social, etc.

26. En référence à OAuth, protocole d'authentification distribuée utilisé par la plupart des réseaux sociaux.

27. « How to OStatus-enable Your Application », Evan Prodromou, 4 octobre 2010.

28. des services comme Superfeedr permettent de rendre « temps-réel » et « push » des flux de données classiques.

FIGURE 5.11 – StatusNet

– et *Salmon*, un protocole permettant de « remonter » les commentaires ou « replies » sur le service où a été créé initialement le contenu, en plus du service où il a été lu.

Google Buzz, le service de microblogging de Google, implémente également une partie de ces standards. Enfin, StatusNet possède également une implémentation des Annotations, compatible avec celle de Twitter[29].

Ainsi, les initiatives de décentralisation des réseaux sociaux se développent, mais en parallèle les réseaux « les plus puissants », comme Facebook, voient leur utilisation exploser.

Va-t-on vers un graphe social unique (qui sert à toutes les applications), et donc probablement à une position dominante et très monopolistique de Facebook, ou alors vers la coexistence de nombreux graphes sociaux plus ou moins interconnectés (par exemple, Apple a récemment lancé deux réseaux sociaux *distincts* pour ses utilisateurs, pour deux domaines d'application différents : Game Center pour les jeux, Ping pour la musique) ?

Les implications de cette « grande question » en termes de social commerce, sont importantes :
– Quels réseaux sociaux utiliser pour faire du social commerce ? Facebook, ou tous les « petits » services supportant OStatus ?

---

29. « Annotations in StatusNet », StatusNet dev mailing list, 7 août 2010.

– Les réseaux sociaux suivent la *loi de Metcalfe*, c'est-à-dire que la valeur d'un réseau est proportionnelle au carré du nombre de ses utilisateurs. Etant donnée la convergence entre le Web social et le e-commerce, les e-commerçants vont-ils également voir apparaître une loi de Metcalfe, privilégiant les grands marchands disposant de bases de clients larges ?

– Des acteurs quasi-hégémoniques comme Facebook vont-ils se positionner durablement sur le social commerce ?

– Va-t-on vers de nouvelles questions de *droit de la concurrence* lorsqu'un secteur traditionnellement peu régulé [30] – celui du Web social – va rencontrer un secteur dont le niveau de concurrence est surveillé de beaucoup plus près ?

5.6 L'intérêt du e-commerce pour les entrepreneurs du Web

Les attraits du e-commerce sont forts pour les entrepreneurs du Web, car le e-commerce leur permet de trouver des modèles économiques solides pour monétiser leurs activités :

– les startups et services du Web social, notamment « généralistes », ont souvent des difficultés à trouver un modèle économique solide, car ils doivent réunir des audiences très importantes avant de pouvoir commencer à espérer gagner de l'argent avec la publicité « classique » [31] ou (encore plus rare) avec des fonctionnalités premium payantes ;

– dans le même temps, le Web marchand marche très fort et brasse beaucoup d'argent ;

---

30. en tout cas en termes de concurrence.

31. Les annonceurs « offline » les plus rémunérateurs n'achètent d'espace publicitaire que lorsque le site a atteint une masse critique en termes de visibilité et de trafic, ce qui fait que le revenu est « sous-linéaire » en trafic (mais potentiellement exponentiel ensuite), alors que dans le cas de l'affiliation, le revenu est à peu près proportionnel (linéaire) au trafic.

– on constate que si la propension de l'utilisateur à payer pour un *service* en ligne est (pour l'instant) très faible, sa propension à acheter en ligne – notamment pour un bien physique – est, elle, très importante.

Pour illustrer ces réflexions avec des chiffres :
– le chiffre d'affaires de Facebook en 2010 tournera autour de 1 à 2 Mds $, de même que celui de l'acteur le plus gros de son écosystème, le développeur de social gaming Zynga (Farmville, etc.) ;
– au même moment, le chiffre d'affaires du e-commerce en France s'élève à environ 30 Mds € (Sources ACSEL et FEVAD), avec notamment au moins 150 M€ « injectés » dans l'affiliation (cf. section 2.2). Certes les niveaux de marge ne sont probablement pas les mêmes, néanmoins on peut penser que le e-commerce permet aux startups du Web de trouver des business models solides, avec des niveaux de risque potentiellement plus limités que sur le Web social « généraliste ».

Dans le cas particulier de l'affiliation (donc pour les comparateurs de prix, aggrégateurs, etc.), nous avons vu (cf. section 2.2) que le revenu par visiteur unique était un ordre de grandeur plus élevé que pour les sites sociaux ou éditeurs de contenus plus généralistes, en raison de la *proximité à l'acte de d'achat.*

Au sujet des sites de vente en ligne eux-mêmes [32], comme le dit Techcrunch [33] :

> « Selling physical goods online is one of the most proven consumer business models. With Google's ascension over the past decade, e-tailers are getting smarter and smarter about driving cost-effective traffic to their offerings via free search engine optimized pages as well as paid keywords. Social media via Facebook and Twitter has become another main activity to aggregate purchasing intent ; Groupon, for example, drives more than 50%

---

32. Par opposition aux aggrégateurs, comparateurs, etc.
33. « TC Teardown : 13 Ways To Get To $10 Million In Revenues », Steven Carpenter, 12 octobre 2010.

of its traffic from Facebook and Twitter. Creating unique community experiences, like Threadless and ModCloth, is another innovative way to increase customer loyalty and repeat purchases, while keeping the marketing spend low. »

L'application du lean startup au e-commerce

Le *lean startup*, parfois vu comme l'application du *lean* à l'entrepreneuriat, est un mouvement qui est devenu très populaire, notamment auprès des startups du Web et du mobile.

Les concepts du lean startup sont :
- développer l'offre commerciale auprès des clients et utilisateurs (*Customer development*) *avant même* de développer le produit [a], pour tester son adéquation avec le marché le plus tôt possible ;
- pour ce faire, lancer un *produit viable minimum* faisant peu de choses, mais les faisant bien ;
- mesurer constamment les indicateurs principaux du service (taux de conversion, etc.) afin de les optimiser (à l'aide de tests A/B par exemple) de manière *agile* (« *Launch fast, iterate quickly* ») ;
- être capable de *pivoter*, c'est-à-dire de changer de vision produit rapidement s'il le faut.

On pourrait penser que le lean startup n'est pas adapté au e-commerce, qui nécessite intuitivement des investissement assez importants (achats, stock, supply chain, etc.). Pourtant, un e-commerçant peut très bien :
- lancer un « fake commerce » proposant des produits à la « vente » mais n'allant pas jusqu'au bout de la transaction, pour mesurer l'appétence du client, et commencer le marketing avant même d'avoir lancé le service [b] ;
- commencer seulement ensuite à vendre en faisant du « dropshipping », c'est-à-dire en redirigeant les commandes vers un autre commerçant, de manière (plus ou moins) transparente pour le client [c] ;
- puis seulement, lorsque les clients sont là et que le marché est validé, prendre le risque d'investir plus lourdement et d'acheter du stock.

---

a. Ainsi Aardvark (moteur de recommandation sociale racheté depuis par Google), par exemple, a lancé et fait tourner « à la main » pendant un an son service, marketé comme un algorithme de mise en relation de personnes très poussé, avant même d'en développer la technologie ! (« Wizard of Oz prototyping »)

b. C'est ce que préconise Tim Ferriss dans l'excellentissime « The Four-Hour workweek ».

c. Zappos a par exemple fait du dropshipping pendant longtemps.

5.7 Conclusion

Les opportunités du social commerce en termes de nouveaux services sont nombreuses, sur l'ensemble des étapes du commerce et de l'acte de consommation :

- avant-vente, avec la publication par les marchands de leurs offres sous forme structurée, ce qui permettra de construire des moteurs de décisions de shopping intelligents, sans commune mesure avec les comparateurs de prix actuels ;
- au moment de la vente, avec la publication par l'utilisateur et le partage avec sa sphère sociale du fait qu'il a acheté tel ou tel produit, dans un format interopérable avec les différents réseaux sociaux qu'ils soient centralisés ou distribués, permettant au « pouvoir de la recommandation » et à la viralité des achats de s'exprimer pleinement ;
- et après la vente, avec la gestion par l'utilisateur de son propre historique de consommation, de ses relations de fidélité avec tel ou tel marchand, etc.

> « Pour le moment nous n'en sommes qu'aux balbutiements et aux expérimentations, mais je crois que c'est une évolution saine de remettre le client au centre des préoccupations de ceux qui produisent ou qui vendent...
>
> Le client est R.O.I., c'est bien connu ! »
> — Patrice Cassard, Archiduchesse

La conclusion de ce livre est la suivante :

- la rencontre du e-commerce avec le Web social – deux mondes qui paradoxalement étaient assez éloignés – va permettre de créer des nouveaux services, centrés sur l'utilisateur et sur son utilisation quotidienne, sociale, du Web ;
- sur un plan plus technologique, les concepts du Web sémantique, et ses implémentations actuelles en cours de massification, vont permettre d'optimiser de manière spectaculaire le référencement des

services e-commerce, par Google mais aussi par les réseaux sociaux
eux-même («référencement social»);
- le potentiel économique du social commerce est énorme, car c'est
une évolution naturelle, inéluctable, du e-commerce ;
- il y a donc des opportunités phénoménales à saisir sur ce segment,
pour les e-commerçants, comme pour les startups et nouveaux services. J'espère vous en avoir convaincu ;)

«If you think of it in terms of the Gold Rush, then
you'd be pretty depressed right now because the last nugget of gold would be gone. But the good thing is, with innovation, there isn't a last nugget. Every new thing creates
two new questions and two new opportunities. (...)

There's so much kludge, so much terrible stuff, we are
at the 1908 Hurley washing machine stage with the Internet. That's where we are. We don't get our hair caught in
it, but that's the level of primitiveness of where we are.
We're in 1908. (...)

We're very, very early.»
— Jeff Bezos, TED.

Table des figures

Table des encadrés

Index des entreprises et services

A propos de l'auteur

Julien Chaumond [34] est entrepreneur et consultant dans les domaines
du Web et du e-commerce. Après une formation en maths appliquées
et en informatique à l'Ecole Polytechnique et en recherche sur les
bases de données à Stanford, il a été en charge de la coordination des
actions publiques en faveur du développement des secteurs du Web et
du mobile auprès du Ministère de l'Economie et du Secrétariat d'Etat
au développement de l'économie numérique. Julien Chaumond est
également membre fondateur du think-do tank ReOPEN, l'association pour la réutilisation des données publiques et l'ouverture d'une
plateforme Etat numérique.

---

34. @julien_c

http ://s0cialcommerce.fr

I CAN HAZ
SOCIAL COMMERCE?

DIGITAL
MAMMOUTH
EDITIONS

www.ingramcontent.com/pod-product-compliance
Lightning Source LLC
Chambersburg PA
CBHW060619200326
41521CB00007B/814